シリーズ・ケースで読み解く経営学 4

戦略的IOTマネジメント

内平直志［著］

ミネルヴァ書房

はじめに

――IoTのチャンスを生かし、困難を克服する

現在、IoT(Internet of Things)、ビッグデータ、人工知能、デジタルトランスフォーメーションなど多くのキーワードが巷に溢れている。本書を手に取った読者も、そんなキーワードが気になり、自分の仕事の中で何か役に立つのでは、何か具体的にやってみたいと思っている方が多いのではないかと思う。実際、私も大学のある石川県のさまざまな業界団体や行政の産業振興部門から、IoTイノベーションマネジメントに関する講演を頼まれる機会が増えている。

IT業界のキーワードには、既存の製品・サービスと差別化し、新しい印象を残すためのIT業界やメディアのマーケティング戦略の都合によるものも多く、惑わされることが多い。しかし、本書における上記のキーワードの本質は1つであり、今が産業の大きな変化点(第4次産業革命)であることは間違いない。本書ではこれらのキーワードを総称し、広い意味でIoTと呼んでいる。今やビジネスに不可欠な基盤となったインターネットがそうであったように、IoTはさまざまな業種・業界にとって、避けて通れない大きな変化であ

るとともに、大きなチャンスでもある。

本書では、そのチャンスはＩＴ業界でない業種・業界、中堅・中小企業にこそ、大きく開かれていることを強調したい。そこが、１９８０年代の第二次人工知能ブームや１９９０年代以降のインターネットや電子商取引の変化点と大きく異なっている点である。昔であれば、サーバーなどの計算機環境の整備や画像・音声認識などの人工知能の技術開発は、非ＩＴ企業では難しかった。しかし、現在はさまざまな計算機環境や人工知能の機能が、クラウドのサービスとして驚くほど安価で手軽に使えるようになっている。本書の事例でも紹介したが、誰でもビジネスにＩｏＴを導入・活用することが可能な時代になったのである。

本書は、そのようなチャンスを生かしたいと思われているＩＴの専門家でない方、ＩＴ業界でない方、中堅・中小企業の方に読んでもらうことを念頭に、なるべくわかりやすく読みやすく書いたつもりである。

しかし、ＩｏＴの導入はチャンスが大きい反面、実際に導入しようとするとさまざまな困難に直面する場合がほとんどである。それは、標準化やセキュリティなどの技術面に関する困難、競合あるいは協調する他社との関係に関する困難、社内の人材不足や組織間の連携に関する困難など多様である。本書では、ＩｏＴを活用する際に想定されるさまざまな困難を整理するとともに、事例を通じて先進的な企業がその困難をどのように克服したかにも焦点をあて紹介している。ＩｏＴで可能になるビジネスを紹介する本は多いが、立ちはだかる困難の克服に焦点をあてた本は少ないのではないだろうか。

自社のビジネスにおいて、ＩｏＴのチャンスをどのように生かし、困難をどのように克服するかを考えるためには、リアルな成功事例を知るのが一番である。本来であれば、先進的な企業を実際に訪問し、当事者から直接生々しい話を聞ければベストである。しかし、多くの人にとって、それは簡単ではない。また生々しい話を聞くだけで、何らかの知識の体系の中に事例を位置づけて理解できなければ、自社のビジネスに適用するのは難しいかもしれない。本書を含む「ケースで読み解く経営学」シリーズでは、事例をわかりやすく紹介するとともに、その事例を体系的に理解するための理論やフレームワークを各事例の後に解説している。

私は、今の大学に移る前に、電気メーカーに31年間勤務し、主にソフトウェアの生産技術や人工知能、データマイニング、データを活用した遠隔保守（当時はＩｏＴという言葉はなかった）などの研究開発に携わると同時に、研究部門のマネジャーとして研究開発成果の事業化の困難を実感してきた。また、現在は、数多くの社会人学生★や地域の企業との議論を通じて、スティーブ・ジョブスのような特別な人でなくても、ＩｏＴイノベーションのチャンスを生かし、困難を克服するためのガイドラインを作れないかと考えている。それが本書の後半で紹介する「ＩｏＴイノベーションデザイン手法」である。それは、私のソフトウェア生産技術に携わった長年の経験に根差している。大昔、プログラミングが人間の職人芸に依存し「ソフトウェア危機」が叫ばれた時代があったが、その後のソフトウェア生産技術の大きな進歩により、今では特別な人でなくても、設計手法、開発ツール、部品ライブラリ、プロジェクトマネジメント手法などの「ソフトウェアデザイン手法」を使うことで、大規模なソフトウェアが開発できるようになった。ＩｏＴの活用のチャンスがさまざまな業種・業界、中堅・中小企業に大きく開かれている現在、「ソフトウェアデザイン手法」と同様に、多くの人が使える簡便な「ＩｏＴイノベーションデザイン手法」が求められているのではないだろうか。「イノベーションデザイン」というと大げさなイメージだが、自分の頭を整理し、同僚や上司、経営者とチャンスと困難を共有するための「可視化の道具」だと思って、難しく考えずにぜひ試していただきたい。

繰り返しになるが、広い意味のＩｏＴの発展と普及が、あらゆる産業の大きな変化点（第4次産業革命）になることは間違いない。本書が、読者の皆様のビジネスにおいて、その大きな変化点のチャンスを生かし、困難を克服する一助となれば幸いである。

★―私の研究室に所属する社会人学生（博士後期課程）で、ＩｏＴ分野の現場の第一線で活躍している番家賢一朗氏、金野浩之氏、首藤康浩氏には、本書の原稿を丁寧に読んでいただき、貴重な指摘やアドバイスをいただいた。ここに感謝の意を表したい。

目次

目次

はじめに——IoTのチャンスを生かし、困難を克服する

序章　IoTは新しいビジネスデザインの起爆剤 …… 001

第1章 IoTイノベーションを生かす企業が生き残る

第6章　イノベーションデザインでネタ・モノ・価値を創る

おわりに　IoTイノベーションデザインの今後：人間の気づきを生かす

序章

IoTは新しいビジネスデザインの起爆剤

1　企業経営を変えるIoT

今、製造業とサービス業に大きな変革の波が押し寄せてきている。それは**第4次産業革命**★1という名前の波だ。そしてその波の一つは「**IoT**《アイオーティ》」（IoTとはInternet of Thingsのことで、訳すると「モノのインターネット」と呼ばれている）という形で具現化し、製造業やサービス業だけでなく、農業などさまざまな産業のありようを変えようとしている。新聞やテレビなどで「IoTによる……の自動化」や「IoTによるコスト削減」というフレーズを目にする機会が増えている。

実際、私が勤務する北陸先端科学技術大学院大学★2（以下、北陸先端大）のある北陸地方の中小企業の社長や事業責任者から「IoT」という単語を耳にすることが増えてきた。

しかし、その多くは次のような悩みである。

「わが社でもIoTの導入に興味があるが、何をどうすればいいのか見当がつかない」

「ITコンサルタントの勧めでIoTを導入し、部分的に導入実験をしてみたが効果が確認できず全面導入に至っていない」

「スマート家電のサービス事業を企画したが、経営層はサービス事業の経験がなく、なかなか承認されない」
「ＩｏＴ対応でインターネット連動の消費者向け製品を発売したがどうも手応えがよくない」

ＩｏＴを導入したいがどこから手をつけていいのかわからない、言われるがままに試行してみたが思ったほど効果を実感できない、自社の得意分野や商品にＩｏＴを付加すれば市場価値が高まると思ったがどうもそうではない、などという悩みだ。

これらの悩みはＩｏＴ導入そのものが目的になってしまっていることが原因だ。

ＩｏＴとは企業の製品やサービスを優れたものに変えたり、自社システムの課題解決を

★1―18世紀末以降の水力や蒸気機関による工場の機械化を「第1次産業革命」とするもの。そして20世紀初頭の分業に基づく電力を用いた大量生産を「第2次産業革命」、1970年代初頭からの電子工学や情報技術を利用した各種自動化を「第3次産業革命」と定義づけしている。

★2―正式名称は北陸先端科学技術大学院大学（略称は北陸先端大）、英文名はJapan Advanced Institute of Science and Technology（ＪＡＩＳＴ）。1990年に石川県に開学した、産学官連携を目的とし、学士課程をもたない国立の大学院大学。東京都港区の品川インターシティに東京サテライトをもつ。

行ったりするために使う「道具」でしかない。つまり「ＩｏＴを導入しさえすれば世間に遅れないで済む」という魔法のような存在ではない。

ＩｏＴはイノベーション（持続し発展する新しい製品・サービス・ソリューションを生み出すプロセス）を起こすための道具だ。まず自社のビジネスで起こしたいイノベーションのビジョンがあり、それを実現するためにＩｏＴが必要となり導入した、となるのが正しい。ＩｏＴを導入し、成功した企業に共通しているのは、どれも自社がイニシアチブを取ってＩｏＴ導入に取り組んでいるということだ。

ＩｏＴ導入によるイノベーションは、思い立ってすぐに実現できるというものではない。イノベーションを生み出すための知識やツール、ＩｏＴの基礎知識などを理解し、使いこなす必要がある。さらに、スケール[★3]や組織、標準化などに関わる課題が要因となるイノベーションの阻害について備えておくことも必要だ。

そこで本書では、先行してＩｏＴを導入し成果をあげている企業のケースを紹介している。優れた人材や組織をもっていたとしても、イノベーションを生み出すことは、決して容易ではない。さまざまな手法で課題を解決し、イノベーションを実現している企業の取り組みを、ぜひ参考にしていただきたい。

2 IoTが登場した背景

さて、IoTとはそもそもどういうものなのか、なぜ今注目されているのだろうか。

IoTは前に述べたように「モノのインターネット」などと訳される。単純に「センサーなどの現実空間にある装置がインターネットにつながっている状態」というイメージを思い浮かべる方もいるかもしれない。

しかし、現在広い意味で使われているIoTとは、より多くの事柄を含んだ単語で、**「現実空間に存在するさまざまなモノ」（フィジカル）**と、**「インターネット上のクラウド」**[★4]**（サイバー）**の間で価値を生み出すための高度な情報処理を行う仕組みをも、その意味に含んでいる。

つまり現実空間（フィジカル）とクラウド（サイバー）をインターネットで相互に結合し、現実空間のモノからの情報を、インターネット経由でクラウドに蓄積し、人工知能などを用

★3―ベンチャー用語。本書ではビジネスの規模を拡大（スケールアップ）する意味で用いている。

★4―インターネット上の複数のサーバーを利用して、データ、ソフトウェアなどの資源や機能を、サービスとして必要なときに必要なだけ活用できる環境。

いてさまざまな処理を行い、現実空間にフィードバックするための仕組み（システム）を指す[★5]［図序-1］。

さてこのような仕組みをもつＩｏＴがなぜ、今、急速に普及しはじめたのだろうか。

ＩｏＴの普及、５つの要因

ＩｏＴの普及には５つの要因がある。

１つ目の要因として、スマートフォンなど小型デジタル機器の普及に代表されるように**コンピュータの小型化と価格の低下による普及**、同時に**通信回線のコスト低下でクラウドサービスの利用が容易になった**ことがあげられる。

図序-1★IoTの概念図

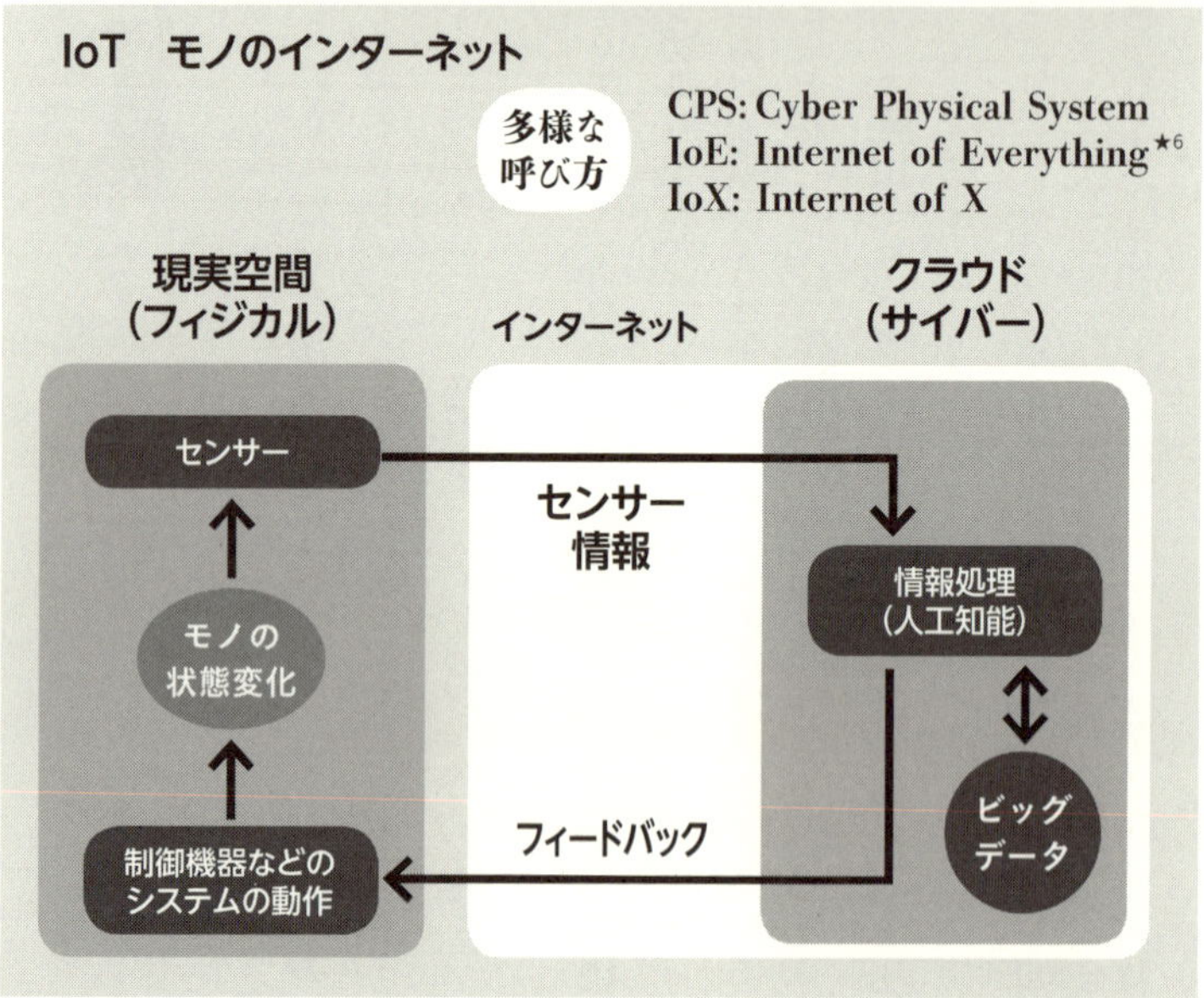

2つ目は、これら**デジタル機器やソフトウェアの技術がビジネスで使用できるレベルにまで成熟した**ことだ。例えば、クラウドを構成するさまざまなソフトウェア技術（分散処理、部品化／コンポーネント化など）は、新しい技術というより、昔から脈々と開発され特定の分野で使われてきたが、現在はコモディティ化し幅広く利用できるようになった。

3つ目は、**知識の流動化が進んだ**ことだ。人材やモノの移動が加速し、さらにインターネットによる世界規模での知識の交流と集積が進んだことがＡＩ／ＩｏＴの進化を加速させた。

4つ目は、**経営者の意識の変化や経営スタイルの変化**である。これは、これまで自社や自社グループのみで完結していた技術開発やビジネスを、他社の力を利用して発展させることが珍しくなくなったことなどもその一端だ。

5つ目は、人工知能（ＡＩ）や深層学習（ディープラーニング）、ブロックチェーンなどさまざまな**ＩＴ関連技術が大きく進歩を遂げた**ことだ。

★5―このことからＩｏＴはＣＰＳ（サイバーフィジカルシステム：Cyber Physical System）とも呼ばれる。
★6―ＩｏＥはInternet of Everythingの略で、「モノ」からのデータだけでなく、スマホやＰＣで人間が入力するデータも併せてクラウドで活用する、ＩｏＴを含む概念。

図 序-2★シングルボードコンピュータの例

図 序-3★クラウドサービスの例

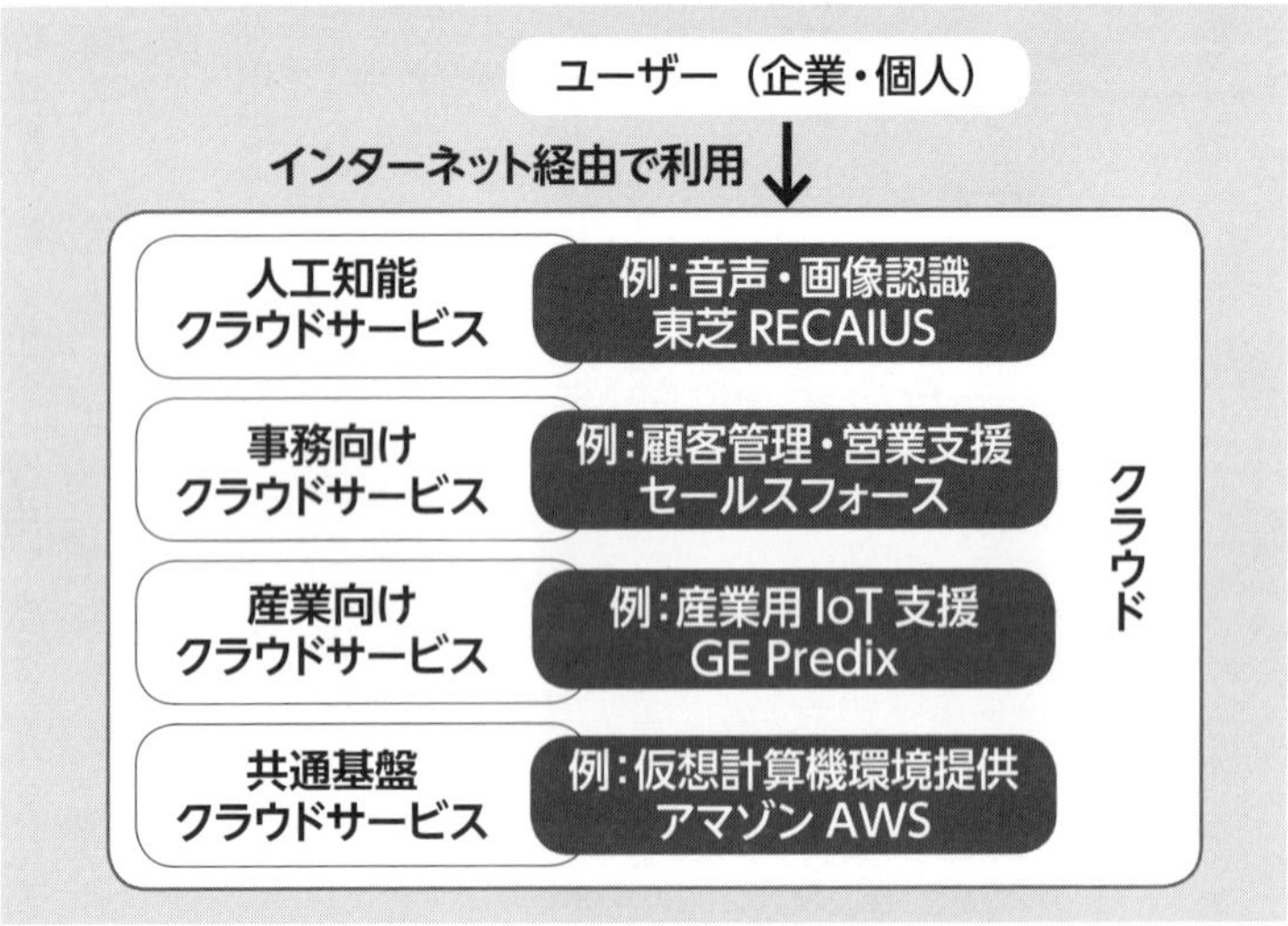

コストの低下がＩｏＴ普及を加速させた

１つ目の要因であるコストの低廉化は、特にＩｏＴ活用の環境に大きな変化をもたらした。ＩｏＴにおいて、センサーはモノの状態やその変化を検知するために欠かせない重要なデバイスである。

安価になった最近のスマートフォンやタブレットＰＣにはＧＰＳや加速度計、気圧計などのセンサーが搭載されていることが多い。センサーを使うために専用機器を設計・製作しなくても、大量生産され普及しているスマートフォンやタブレットＰＣをＩｏＴのセンサーとして活用できるようになったのである。

また、スマートフォンなどに組み込むため大量にセンサーが生産されるようになり、価格が大きく下がった。安価なセンサーと「ラズベリーパイ」[★7]などシングルボードコンピュータ（［図序-2］）を組み合わせて使用できるようになったことも大きい。安価なセンサーとシングルボードコンピュータを組み合わせてＩｏＴシステムを導入することで、中堅・中小企業でも、生産工程を自動化するための設備導入と同等な結果を、低廉なコストと短期間で得ることが可能になった。しかも数人からの小規模なチームでも開発が可能な環境が整ったので

★7―「ラズベリーパイ」は英国で開発され、プログラミング教育や製造業の機器制御など幅広い分野で利用されている。むき出しの基板上に最小限のＣＰＵや周辺機器、入出力インターフェースを備えたクレジットカード大のコンピュータ。

ある。

携帯電話や無線ＬＡＮなどの普及でインターネットへの接続コストが大きく下がった。また、クラウドの使用料も下がり、サーバーや人工知能などのクラウド上のさまざまなサービスが誰でも気軽に利用できるようになったこともＩｏＴ活用のハードルを下げた［図序-３］。

さらに、素早くハードウェアの試作品などを作製できる３Ｄプリンターを組み合わせることで、従来とは比較にならないスピード感での開発が現実のものとなっている。

3 イノベーションと第４次産業革命

イノベーションとは何か

インターネットを活用し急成長を遂げた「GAFA」（アメリカの巨大企業Ｇｏｏｇｌｅ、Ａｐｐｌｅ、Ｆａｃｅｂｏｏｋ、Ａｍａｚｏｎの頭文字）は、さまざまなイノベーションを生み出し、世界規模で情報や通信、流通などに大きな影響を与えつつある。グーグルのメールやＷｅｂ検索、ｉＰｈｏｎｅやアンドロイドＯＳ対応スマートフォン、そしてアマゾンの通販やフェイスブックでのＳＮＳでのつながりなど、今や私たちの生活に多くの影響を与えているさまざまなサービスは、これらの企業のイノベーションが生み出したものだ。

前述のＩｏＴが普及した5つの要因によって、製造業、農業、サービス業などさまざまな分野でＩｏＴを活用した大きなイノベーションが起きつつある。

そもそも、イノベーションとは何を指す言葉なのだろうか。

一般にイノベーションの訳語として「技術革新」という言葉が使われることが多い。しかし、この訳語はイノベーションの本質を表していない。ここでは具体的な議論を進めるために本書での定義をしておきたい。**イノベーションとは「持続し発展する新しい製品・サービス・ソリューションを生み出すプロセス」である。**

「持続し発展する」とは、新しい製品・サービス・ソリューションが継続的に利益をあげ、発展し、社会にインパクトを与えることを意味する。いくら新技術を活用した新しい製品・サービス・ソリューションでも、目新しさだけで市場に受け入れられなければイノベーションではない。また、イノベーションは生み出された製品・サービス・ソリューションそのものや、その開発・製造手法だけではなく、そのすべてを包括した一連のプロセスを示す概念であることも理解しておきたい。

例えば、18世紀の英国人ワットの蒸気機関は偉大な発明だが、蒸気機関そのものだけではイノベーションではない。蒸気機関が工場の動力として活用され、鉄道会社が生まれ列車で多くの人や荷物を運べるようになったことが重要だ。それにより新しい産業が生まれ、第1次産業革命につながり、社会構造を変えてはじめてイノベーションとなる。つまり**新しい知**

識・技術が市場や社会を動かしたときに、それをイノベーションと呼ぶことができるのである。

イノベーションという考え方は、1900年代前半に活躍した経済学者のシュンペーター[★8]により提示された。シュンペーターによれば、イノベーションを引き起こすのは「新結合」である。新結合とは、従来のモノや方法における物や力の結合を非連続的に変更することであり、新結合により、新しい製品やサービス、新しい生産方法、新しい市場、新しいサプライチェーン、新しい組織などが生み出され、ビジネスや社会が発展していく。

イノベーションが引き起こす新しい産業革命

新結合がイノベーションを引き起こすのだとすれば、「GAFA」のみならず、日本も含め世界各国の企業が、IoTを駆使し、あらゆる産業分野でイノベーションを生み出す時代が到来したといえる。

内閣府でもこの状況を本章冒頭で紹介した「第4次産業革命」として、その重要性を指摘している。[★9] IoTの発達により、さまざまな経済活動等が逐一データ化され、蓄積された膨大なデータは「ビッグデータ」としてインターネット等を通じて集約した上で分析・活用されることにより、さらなる経済価値を生み出すようになっていく。

また、ビッグデータをAIで処理することで、単純な情報解析だけでなく、複雑な判断を伴う労働やサービスの機械による提供が可能となるとともに、さまざまな社会課題の解決が期待できるようになった。ＩｏＴを利用した新製品や新サービス、新しいソリューションの登場は、私たちが直面するさまざまな課題解決の手がかりになろうとしている。

4 ＩoＴイノベーションが企業の内部と外部を変える

ではＩｏＴイノベーションが実際に導入された場合、あなたの会社にどのような効果をもたらすだろうか。ＩｏＴのビジネスにおける効能には次の2つがあげられる。

①企業内部の「設計・生産・販売プロセスなど、社内システムのＩｏＴ化による連結・可視化・分析・最適化による課題解決で自社に新しい価値をもたらす（以下、自社システムの課題解決）」

②企業外部（顧客やパートナー）に対して、自社の「製品・サービスをＩｏＴ化することで、新しい価値を提供する」（以下、顧客価値創造）

★8—ヨーゼフ・シュンペーター　オーストリア・ハンガリー帝国生まれで後に米国に渡った経済学者（１８８３年生〜１９５０年没）。

★9—内閣府白書「日本経済２０１６-２０１７—好循環の拡大に向けた展望—」（２０１７年1月17日http://www5.cao.go.jp/keizai3/2016/0117nk/n16_2_1.html）

この2つのいずれかを実行し成果を得ている企業もあれば、両方同時に導入して成功している企業もある。

東京メトロの施設保守点検を変えたＩｏＴ

最初に、自社システムの課題解決を通じて、新たな価値を創造したケースを紹介したい。東京地下鉄株式会社（以下、東京メトロ）のＩｏＴ導入事例は、施設保守の可視化・効率化を目的としたものだ。東京メトロが行った施策は同社サイトで誰でも閲覧することが可能だ★10「図序-4」。

首都圏の旅客輸送を担う東京メトロは、毎日休むことなく1日平均724万人（平成28年度）の乗客を安全に目的地まで運んでいる。この安全運行を実現する

図 序-4★東京メトロニュースレター 2015年9月14日第60号（「iPad活用事例」編）

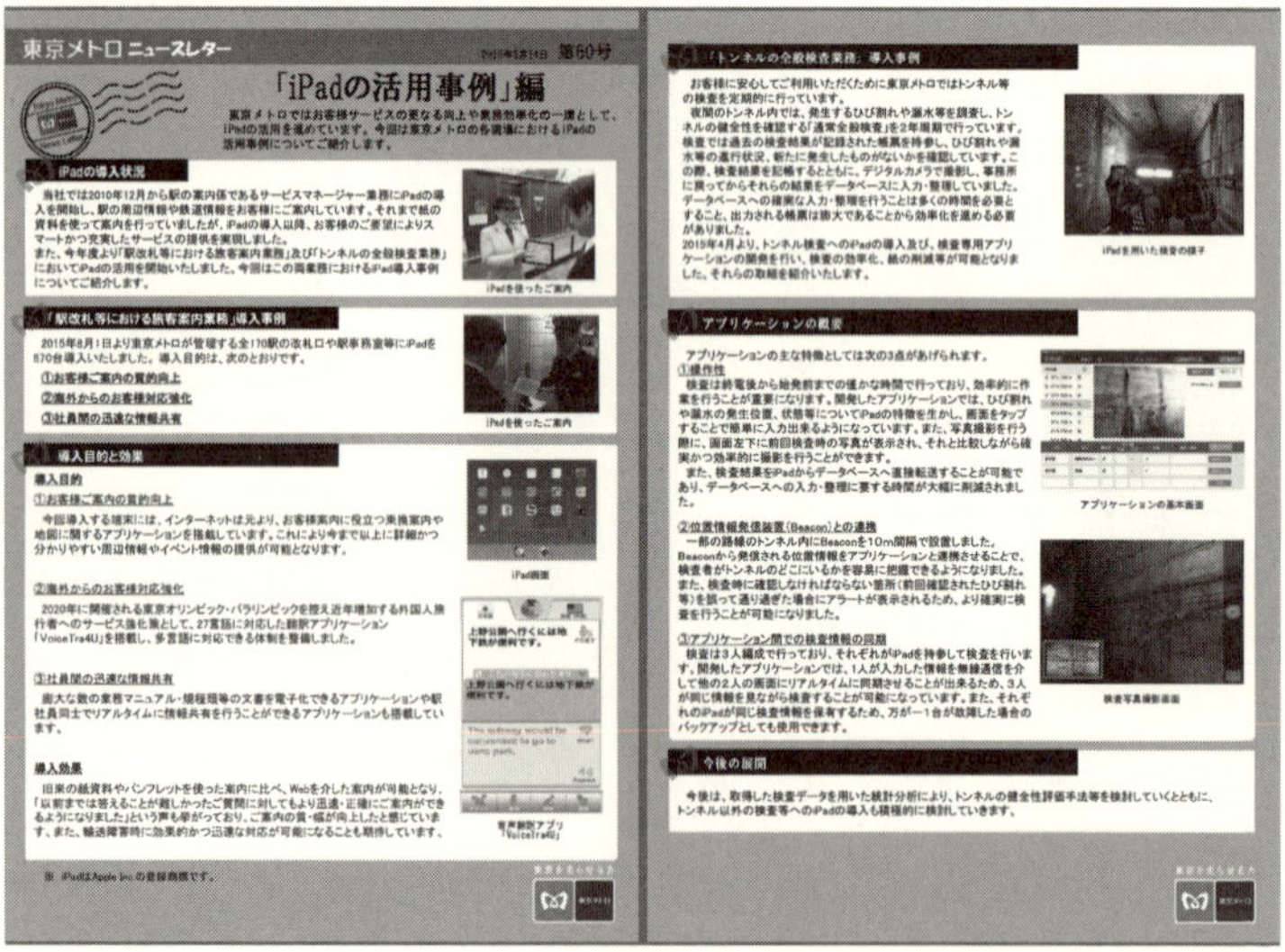

東京メトロ ニュースレター　第60号

「iPadの活用事例」編

東京メトロではお客様サービスの更なる向上や業務効率化の一環として、iPadの活用を進めています。今回は東京メトロの各現場におけるiPadの活用事例についてご紹介します。

iPadの導入状況

当社では2010年12月から駅の案内係であるサービスマネージャー業務にiPadの導入を開始し、駅の周辺情報や鉄道情報をお客様にご案内しています。それまで紙の資料を使って案内を行っていましたが、iPadの導入以降、お客様のご要望によりスマートかつ充実したサービスの提供を実現しました。
また、今年度より「駅改札等における旅客案内業務」及び「トンネルの全般検査業務」においてiPadの活用を開始いたしました。今回はこの両業務におけるiPad導入事例についてご紹介します。

iPadを使ったご案内

「駅改札等における旅客案内業務」導入事例

2015年8月1日より東京メトロが管理する全170駅の改札口や駅事務室等にiPadを870台導入いたしました。導入目的は、次のとおりです。

①お客様ご案内の質的向上
②海外からのお客様対応強化
③社員間の迅速な情報共有

iPadを使ったご案内

導入目的と効果

導入目的

①お客様ご案内の質的向上

今回導入する端末には、インターネットは元より、お客様案内に役立つ乗換案内や地図に関するアプリケーションを搭載しています。これにより今まで以上に詳細かつ分かりやすい周辺情報やイベント情報の提供が可能となります。

②海外からのお客様対応強化

2020年に開催される東京オリンピック・パラリンピックを控え近年増加する外国人旅行者へのサービス強化策として、27言語に対応した翻訳アプリケーション「VoiceTra4U」を搭載し、多言語に対応できる体制を整備しました。

③社員間の迅速な情報共有

膨大な数の業務マニュアル・規程類等の文書を電子化できるアプリケーションや駅社員同士でリアルタイムに情報共有を行うことができるアプリケーションも搭載しています。

導入効果

旧来の紙資料やパンフレットを使った案内に比べ、Webを介した案内が可能となり、「以前までは答えることが難しかったご質問に対してもより迅速・正確にご案内ができるようになりました」という声も挙がっており、ご案内の質・幅が向上したと感じています。また、輸送障害時に効果的かつ迅速な対応が可能になることも期待しています。

音声翻訳アプリ「VoiceTra4U」

※ iPadはApple Inc.の登録商標です。

「トンネルの全般検査業務」導入事例

お客様に安心してご利用いただくために東京メトロではトンネル等の検査を定期的に行っています。
夜間のトンネル内では、発生するひび割れや漏水等を調査し、トンネルの健全性を確認する「通常全般検査」を2年周期で行っています。検査では過去の検査結果が記録された帳票を持参し、ひび割れや漏水等の進行状況、新たに発生したものがないかを確認しています。この際、検査結果を記帳するとともに、デジタルカメラで撮影し、事務所に戻ってからそれらの結果をデータベースに入力・整理していました。データベースへの煩雑な入力・整理を行うことは多くの時間を必要とすること、出力される帳票は膨大であることから効率化を進める必要がありました。
2015年4月より、トンネル検査へのiPadの導入及び、検査専用アプリケーションの開発を行い、検査の効率化、紙の削減等が可能となりました。それらの取組を紹介いたします。

iPadを用いた検査の様子

アプリケーションの概要

アプリケーションの主な特徴としては次の3点があげられます。

①操作性

検査は終電後から始発前までの僅かな時間で行っており、効率的に作業を行うことが重要になります。開発したアプリケーションでは、ひび割れや漏水の発生位置、状態等についてiPadの特徴を生かし、画面をタップすることで簡単に入力出来るようになっています。また、写真撮影を行う際に、画面左下に前回検査時の写真が表示され、それと比較しながら確実かつ効率的に撮影を行うことができます。
また、検査結果をiPadからデータベースへ直接転送することが可能であり、データベースへの入力・整理に要する時間が大幅に削減されました。

アプリケーションの基本画面

②位置情報発信装置（Beacon）との連携

一部の路線のトンネル内にBeaconを10m間隔で設置しました。Beaconから発信される位置情報をアプリケーションと連携させることで、検査者がトンネルのどこにいるかを容易に把握できるようになりました。また、検査時に確認しなければならない箇所（前回確認されたひび割れ等）を誤って通り過ぎた場合にアラートが表示されるため、より確実に検査を行うことが可能になりました。

③アプリケーション間での検査情報の同期

検査は3人編成で行っており、それぞれがiPadを持参して検査を行います。開発したアプリケーションでは、1人が入力した情報を無線通信を介して他の2人の画面にリアルタイムに同期させることが出来るため、3人が同じ情報を見ながら検査することが可能になっています。また、それぞれのiPadが同じ検査情報を保有するため、万が一1台が故障した場合のバックアップとしても使用できます。

検査写真撮影画面

今後の展開

今後は、取得した検査データを用いた統計分析により、トンネルの健全性評価手法等を検討していくとともに、トンネル以外の検査等へのiPadの導入も積極的に検討していきます。

ため、路線の日々の点検は絶対に欠かせない。その点検は深夜、営業運転後から始発までの間、わずか数時間を利用して行われている。

ＩｏＴ導入前の検査ではベテランの検査員が過去の検査記録を持参し、その情報を基に目視やデジタルカメラを用いて点検と記録を行っていた。そして点検後、その結果をデータベースに記録することになるが、その作業に多くの時間を必要としていた。

２０１５年4月、東京メトロは点検作業にＩｏＴを導入した。その導入効果は劇的なものとなった。導入したものはｉＰａｄと独自開発した検査専用アプリ、そしてトンネル内で座標位置を示すためのビーコン（発信器）だ。

ｉＰａｄとアプリで検査箇所を撮影し、アプリに記録されている前回検査時の画像と比較することで、異常があればすぐに判断できるようになった。また、10メートルごとに設置されたビーコンによって線路内の正確な位置がわかり、万が一、点検すべき場所を点検せずに通り過ぎた場合は専用アプリに警告が表示される。これにより問題箇所の見落としがなくなった。さらにこれらの検査内容はデータベースに登録される。この東京メトロの導入事例について取り上げた記事[11]によると、データベース登録作業に要する日数は、それまで1年当

★10―東京メトロニュースレター２０１５年9月14日第60号　http://www.tokyometro.jp/corporate/newsletter/images/metroNews20150914_60.pdf

★11―東洋経済オンライン「東京メトロの安全は、あのｉＰａｄが守っている 電子化が進むトンネルカルテとは?・」https://toyokeizai.net/articles/-/79614

たり3カ月を要していたものが、IoT導入後、わずか1日までに短縮されたという。また、検査情報の蓄積を紙からクラウド上の電子データへ移行することで、紙資源の節約のみならず、検索性の向上や情報共有化も実現できている。膨大な紙の資料は保管に場所を取り、さらに検索にも時間を要し、経年劣化等の問題もある。これら問題点の解決による業務の効率化の視点からもIoT導入における改善効果は大きい。

東京メトロのIoT導入の成功は、保線業務というマンパワーを必要とし、常に事故ゼロが求められるシビアな定型業務において、IoTが工数削減や業務効率化に多大な効果を発揮することを示している。また、点検に使用する端末として、既存製品であるiPadを活用するなど、導入コスト削減につながる工夫もなされている。そしてこれが毎日、700万人もの人たちを無事、定刻通りに目的地に送り届けることを可能にしている。

次に「顧客価値創造」に成功した大手企業のサービス例として、BtoB（企業間）向けとしてエネルギーや重工業、ヘルスケアなど幅広い分野を手掛ける米国GE（General Electric Company：ゼネラル・エレクトリック）のFES（Flight Efficiency Services：フライト・エフィシェンシー・サービス）を、BtoC（消費者）向けとして調理器具を中心に販売する象印マホービン株式会社（以下、象印マホービン）の「iポット」を紹介する。

ビッグデータを活用するGEのFES

世界的にＩｏＴ導入の先進企業として知られるＧＥだが、ＦＥＳはＧＥの航空機用エンジンの情報をリアルタイムに取得するためのシステムとして知られている。ＧＥのＦＥＳは、デルタ航空やカンタス航空等の大手のみならず、各国のＬＣＣ（ローコストキャリア）など多数のエアラインがユーザーになっている。ＦＥＳが解析した情報から航空機の不具合の兆候を把握し、整備点検のための部品や人員の効率的な手配、最適経路の提示による燃費の向上などに必要な情報をユーザーに即座に伝える仕組みを作り上げた。例えば、エンジンの故障の予兆を捉え、当該機がフライト中にあらかじめ部品を手配しておき、整備によるロス時間を減らすことなどが行われている［図序-5］。

図 序-5 ★ Flight Efficiency Services を構成する各種サービスを紹介するＧＥのＷｅｂサイト

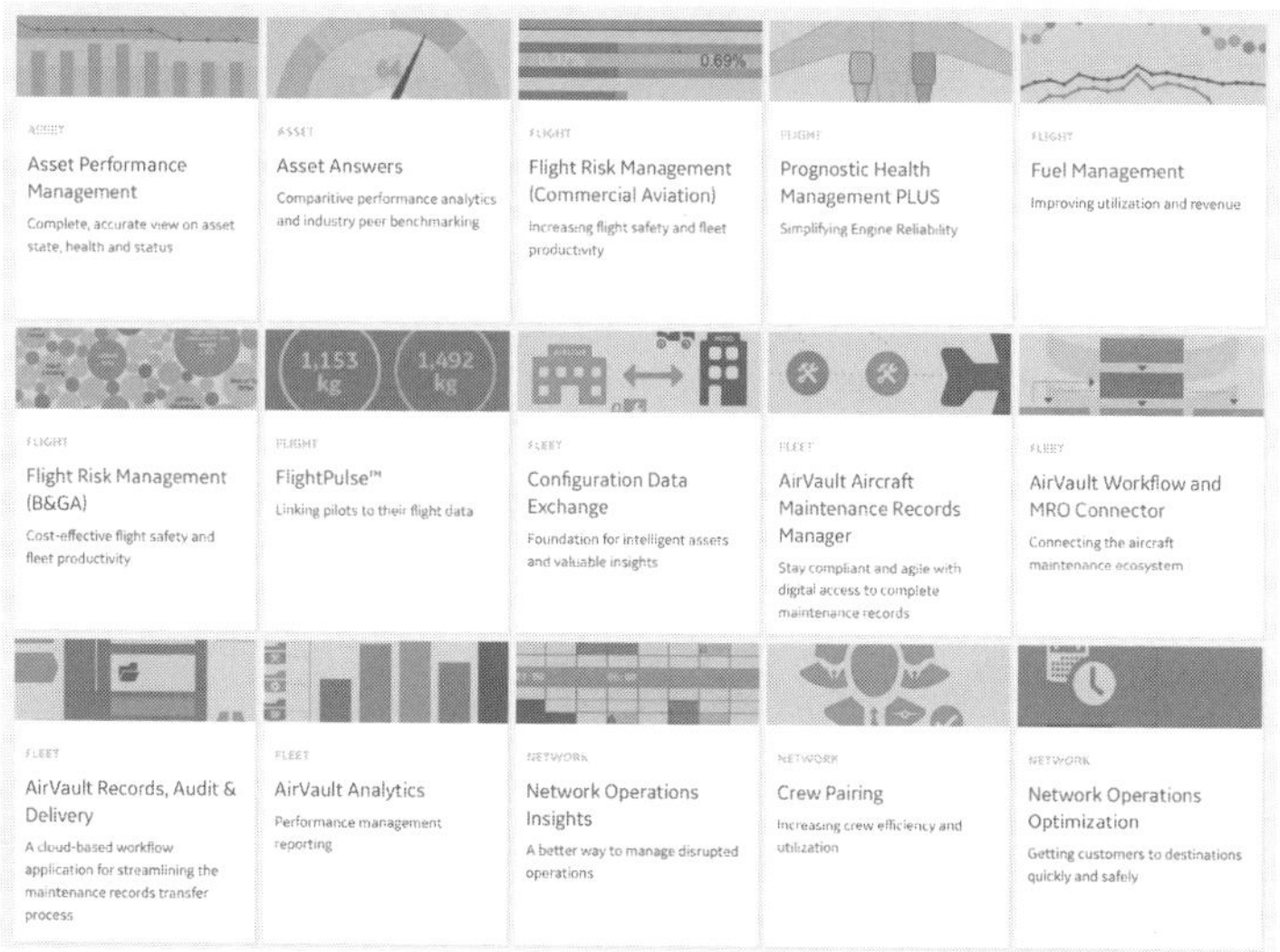

ＧＥは単に航空機用エンジンを提供するだけでなく、ＦＥＳによりユーザーに保守点検や燃料節約に必要な情報を提供し、安全性やコスト削減などさまざまなメリットをもたらしている。

社会課題解決の一助を目指す、象印マホービンの「ｉポット」

ｉポットは、電気ポットに無線通信機を内蔵し、契約者はポットの使用状況を電子メールや専用Ｗｅｂサイトで確認できるというサービスだ。一人暮らしの高齢者がポットを使用することを前提に、日常生活に欠かせない電気ポットが一定期間、不自然に使われない状態が続けば、何か異常が発生した可能性があるとして、家族などが安否確認を行う判断基準になるという発想の製品だ。映像や音声など、個人のプライバシーに触れることなく安否確認の判断材料を提供してくれる。

図 序-6★ｉポットと付随するサービスを紹介する象印マホービンのWebサイト

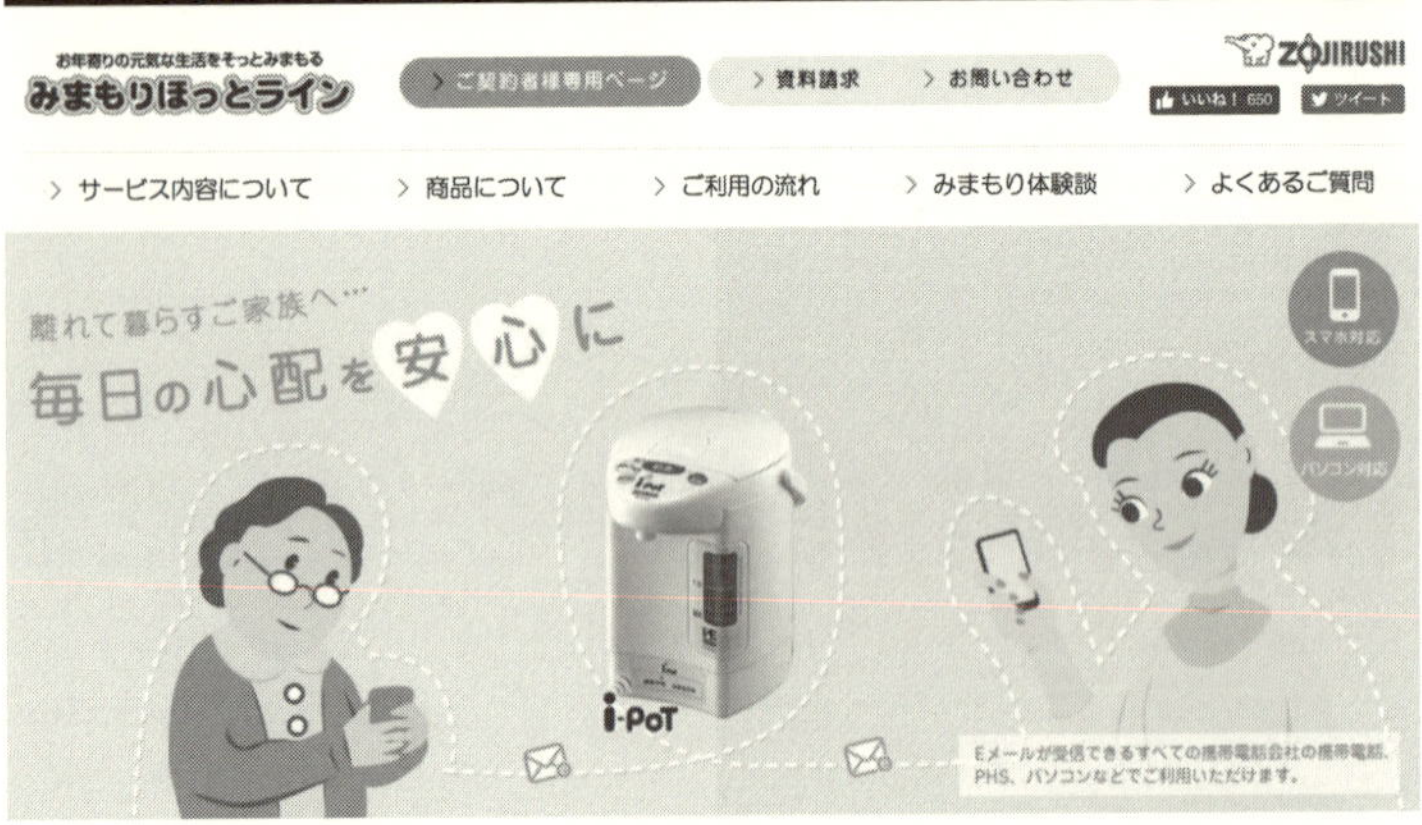

本製品はＩｏＴという言葉が普及する以前から市場に投入された製品である。日常生活に欠かせない白物家電とインターネットを組み合わせ、「高齢化社会」という社会課題の解決にアプローチしたものだ。以前より家庭内にあった電気ポットをＩｏＴ化することで、より新しい価値を加えることができた事例だ。

現在ではこのｉポットと同様の仕組みで、ＩｏＴを利用し室内照明の点灯状況、室温の変化などの生活活動から利用者の安否確認の判断材料を提供する製品が発売されているが、日本など多くの国で社会の高齢化を背景に、今後、この分野の製品は世界的にいっそうニーズが高まるだろう。

5 自社システムの課題解決から「モノビス」へ

東京メトロの導入事例は、主に保線作業のＩｏＴ化という社内で完結したものだ。これは利害関係者が社内のみということで、納期や予算などの調整に関して、同じ企業内の部門として価値を共有できている、あるいは共有しやすいということだ。

ＧＥや象印などの企業が、モノの付加価値の向上などを目的とした、いわゆる「顧客価値創造」のツールとしてＩｏＴを用いる場合、その利害関係者は社外の顧客も含まれている。社外の異なる価値観をもつ顧客がモノに対して求める要求に対し、企業は顧客と価値を共有・共創できるかが重要になってくる。これは「モノを媒介して顧客と企業が一緒に価値を創造するプロセス」[★12]で、私は「モノ」と「サービス」という言葉の組み合わせで「**モノビス**」と呼んでいる。モノビスの視点でみた場合、前に述べた①「自社システムの課題解決」と②「顧客価値創造」は完全には分離しているわけではない。

この「モノビス」の例として、エレベーターや複写機など機器の保守サービスがよく知られているが、近年はＩｏＴの活用を背景に、交通、エネルギー、住宅、建設、農業などさまざまな分野に「モノビス化」が広がっている。

成功のために乗り越えるべき4つの課題

では、ＩｏＴによるイノベーションの導入は、どのような業種、どのような企業でも容易にできるものなのだろうか。

答えは残念ながらノーである。イノベーションの実現には多くの課題が存在し、それらをクリアして、はじめてイノベーションによるＩｏＴの製品化・サービス事業化は成功する。さまざまな企業の事例を研究した結果、私はこれらの課題はおおよそ次の４つに分類できると考えている。

a 技術面の課題

b市場・顧客面の課題

c事業・ビジネスエコシステム[13]面の課題

d組織面の課題

これらの4つの課題については、第5章で詳しく解説している。IoTイノベーションによる製品化・サービス事業化に際しては、これらの課題をクリアにする必要がある。さらに事業規模の拡大など、製品化やサービス開始後に、条件の変化で新たに課題が発生することがある。

これらの課題を突破するカギになるのが「**イノベーションデザイン**」と呼ばれる手法である。

★12―プロダクト・サービス・システムとも呼ばれる。

★13―ビジネスにおける生態系。具体的には複数の企業間における連携や協業のことを指す。以下では単に「エコシステム」と呼ぶ。

6 「イノベーションデザイン」とはなにか

イノベーションデザインの定義

「イノベーションデザイン」は「IoT」と並ぶ本書のキーワードであり、私を含めた研究者が提唱している概念だ。

イノベーションデザインとは、**「自ら課題を定義し、コンセプトを創造し、そのコンセプトをシステムとして実現し、新たなビジネスモデルの構築までを統合的にデザインすること」**を指す。従来の日本の製造業は「モノづくり」中心で、自動車やカメラなどや、コンシューマーゲーム機やソフトウェアの分野で競争力の高いモノを作ることを得意としてきた。しかし、作ったモノを売った後、さらにそこからサービスに広がるビジネスモデルを生み出すことは必ずしも得意ではなかった。これからのIoTイノベーションの時代には、「モノづくり」と同時に「ネタづくり」(イノベーションのコンセプト創造)「価値づくり」(価値の創出と収益化)も併せて構築することが重要だ。これをまとめたのが[図序-7]である。

このように**「モノビス化」**では、**今までと異なるアクションが要求され、そのアクションに至る創造的な思考が求められる**ようになる。その際、**主体となる企業や経営者、現場責任**

者の意識を変革するための手法が「イノベーションデザイン」だ。

ＩｏＴによるイノベーションの舞台は特定の大企業だけにとどまるものではない。実際、イノベーションデザインの手法は、ベンチャーや中小企業などさまざまな企業で導入が始まっている。

本書の第1章から第5章では、それらの先進的な企業がどのようにＩｏＴでイノベーションを起こし成功するに至ったのか、各企業のケースを分析・解説している。

さらに、各ケースの最後で「イノベーションデザインの4つの視点」という見地から、分析とまとめを行っている。この4つの視点とは、**「提供価値」「ＩｏＴの活用方式」「オープン&クローズ**

図 序-7★イノベーションデザインに必要な3要素と4つの阻害要因

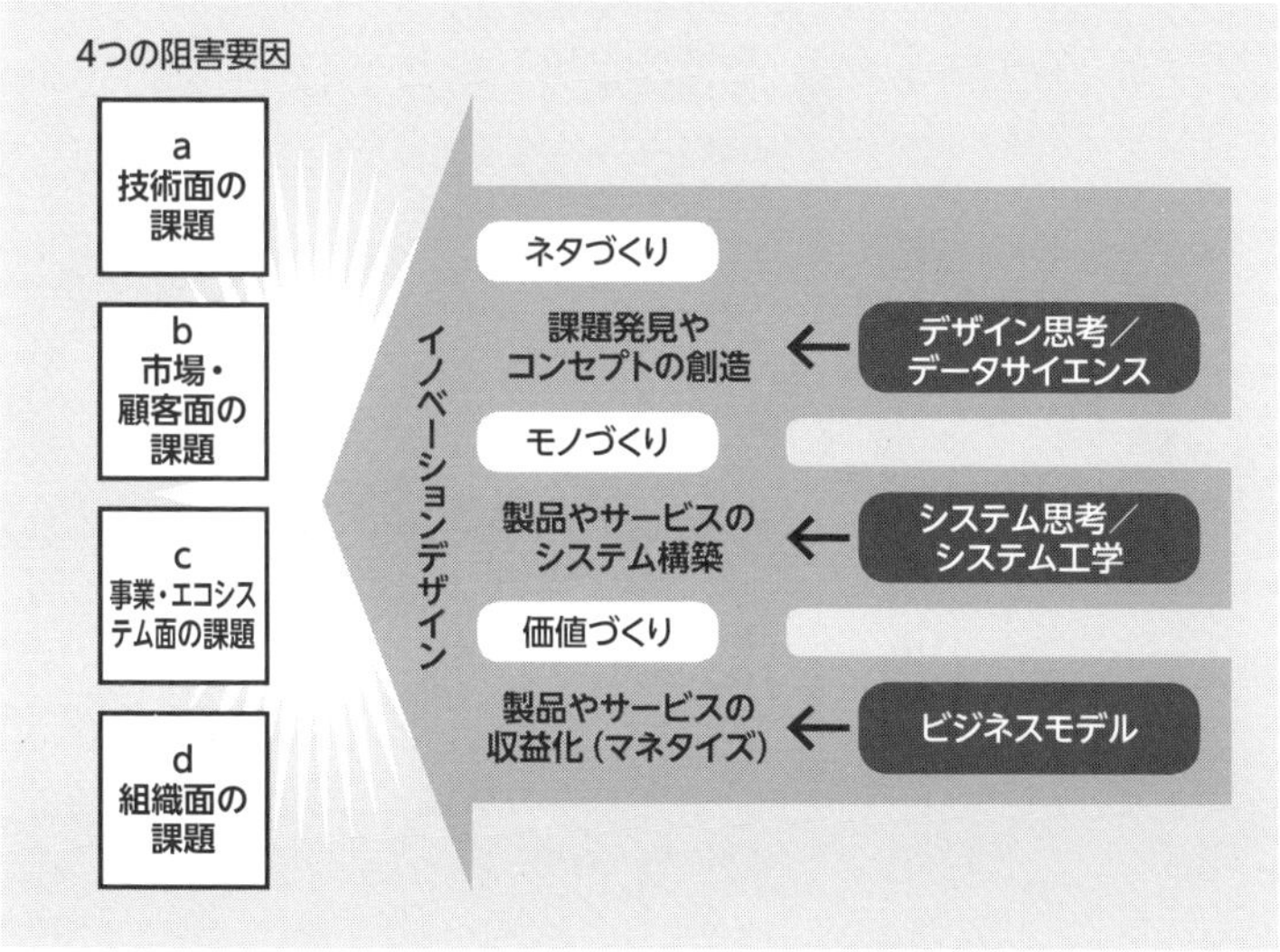

戦略[★14]」「イノベーションの課題克服」の4つを指す。［図序-8］は4つの視点を図示したものである。

「提供価値」は、自社の製品やサービスに対しIoTイノベーションを導入することでどのような価値を顧客に提供できたのか、またIoTイノベーションの導入によって課題を解決することで、どのような新しい価値が自社に提供されたかについて評価するものだ。

「IoTの活用方式」は、IoTイノベーション導入に際し、その企業が用いた情報処理の仕組み（システム）について評価するもの

図 序-8★イノベーションデザインの4つの視点

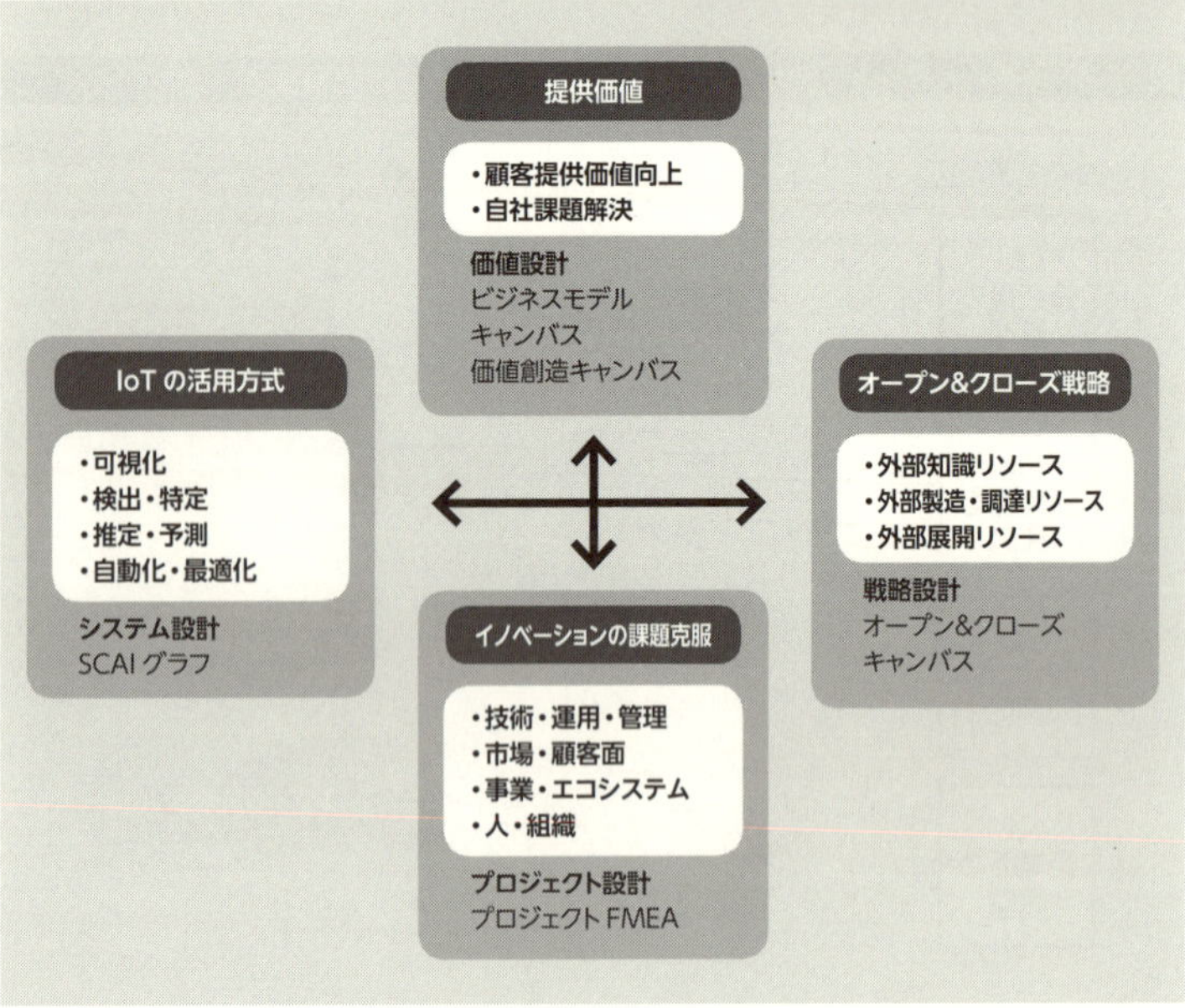

だ。例えば機器の使用状況やファクトリーオートメーション（ＦＡ：生産機器の自動化）の稼働状況の可視化、構築したシステムが収集したデータから構築した状況の推定・予測などがどう活用されたかなどが対象だ。

「オープン＆クローズ戦略」は、自社の力を外部にどのように展開させたか、あるいは外部の力をどのように利用したかについて評価している。

「イノベーションの課題克服」は、ＩｏＴイノベーション導入に際し、その企業が直面した課題（困難な状況）に対してどのように対応し、克服できたかについての評価だ。

紹介したケースはいずれも先進的な取り組みだが、その成功へのプロセスはどのような業種、規模の企業にとっても大いに参考になるものと確信している。ぜひ、ＩｏＴイノベーションへの第一歩を踏み出していただきたい。

★14—自社の強みは「クローズ」にして他社に利用させず、一方で他社の力を利用可能なところは「オープン」にするのが「オープン＆クローズ戦略」である。

コラム

世界各国のIoT動向

IoTによるイノベーションへの取り組み

IoTによるイノベーションは、現在世界各国で注目され、国家が主体となって推進する取り組みが行われている。

ドイツでは政府により、IoTを駆使して製造業の高度化を目指す国家戦略Industry4.0（インダストリー4・0）のプロジェクトが強力に推進されている。シーメンスやボッシュ、SAPなどが参加し、中堅・中小製造業の競争力強化も視野に入れた活動が行われている。

米国ではIIC（インダストリアル・インターネット・コンソーシアム：Industrial Internet Consortium）が産業用IoT（IIoT）の実用化と標準化の推進を目指しており、これにはIBMやGEなどのほか、日本企業も参加している。

中国では「中国製造2025」として、中国政府が今後10年間のロードマップを作成し、「イノベーション駆動」「構造の最適化」「品質優先」「環境保全型発展」「人材本位」の5つの基本方針を掲げている。

日本ではこのイノベーションへの取り組みを「第4次産業革命」と位置づけ、各種の政策を実施している。具体的には、内閣府による第5期科学技術基本計画としてSociety 5.0（ソサエティ5・0）が示され、総務省と経済産業省によるIoTを推進するグループが立ち上げられている。その1つに「地方版IoT推進ラボ」があり、筆者の所属する大学のある能美市も選定され、支援を受けている。さらに「ロボット革命イニシアティブ協議会」においても、ドイツのIndustry4.0と連携し、「人間本位の産業を目指す"Connected Industries"（コネクテッド・インダストリーズ）」をスローガンにワーキンググループを組織して活発に活動している。民間主導のものとしては日本版のIndustry4.0の実現を目標に、IVI（インダストリアル・バリュー・チェーン・イニシアチブ：Industrial Value Chain Initiative）が設立されている。「ゆるやかな標準」としてIoTを基盤に、複数の企業の工場が連携していく環境をつくる「つながる工場」の実現を目指している。

IoTイノベーションを生かす企業が生き残る

第1章
Chapter

キーワード

可視化
目的と戦略
エコシステム
標準化

本章では、IoT活用の際に重要となる2つの方向性「製品・サービスのIoT化」（顧客価値創造）と「設計・生産・販売プロセスなど社内システムのIoTによる連結・可視化・分析・最適化」（自社システムの課題解決）について、アクアのコインランドリーと富士通アイ・ネットワークシステムズの生産管理システムのケースを紹介し、IoTイノベーションのためのマネジメントについて説明する。

ケース 1

IoTで「可視化」、待ち時間大幅減のコインランドリー

アクア株式会社の事例から

ＩｏＴを活用することで
自社の既存製品・サービスの顧客価値創造に成功した企業の
代表的な例がアクア株式会社だ。
ＩｏＴ化されたランドリー機器の稼働状況の可視化で
ランドリー利用者とランドリー事業者の双方に大きなメリットを生み、
シェアを大きく伸ばし、日本のランドリー機器・サービス分野での存在感は
今では揺るぎないものになっている。
どのような戦略や道具立てでそれを実現したのか、詳しく解説する。

1 アクアの製品とサービス戦略

主に独身者や若者の生活に欠かせないコインランドリー。そのコインランドリーをIoT化することで、他のランドリーとのサービスの差別化を図っているのがアクア株式会社（以下、アクア）だ。アクアは、1971年から国内初のコインランドリー機器を開発・発売した旧三洋電機の洗濯機事業と、冷蔵庫事業をルーツにもつハイアール（Haier）グループの一社で、

図1-1★アクアの「IoTランドリーシステム」

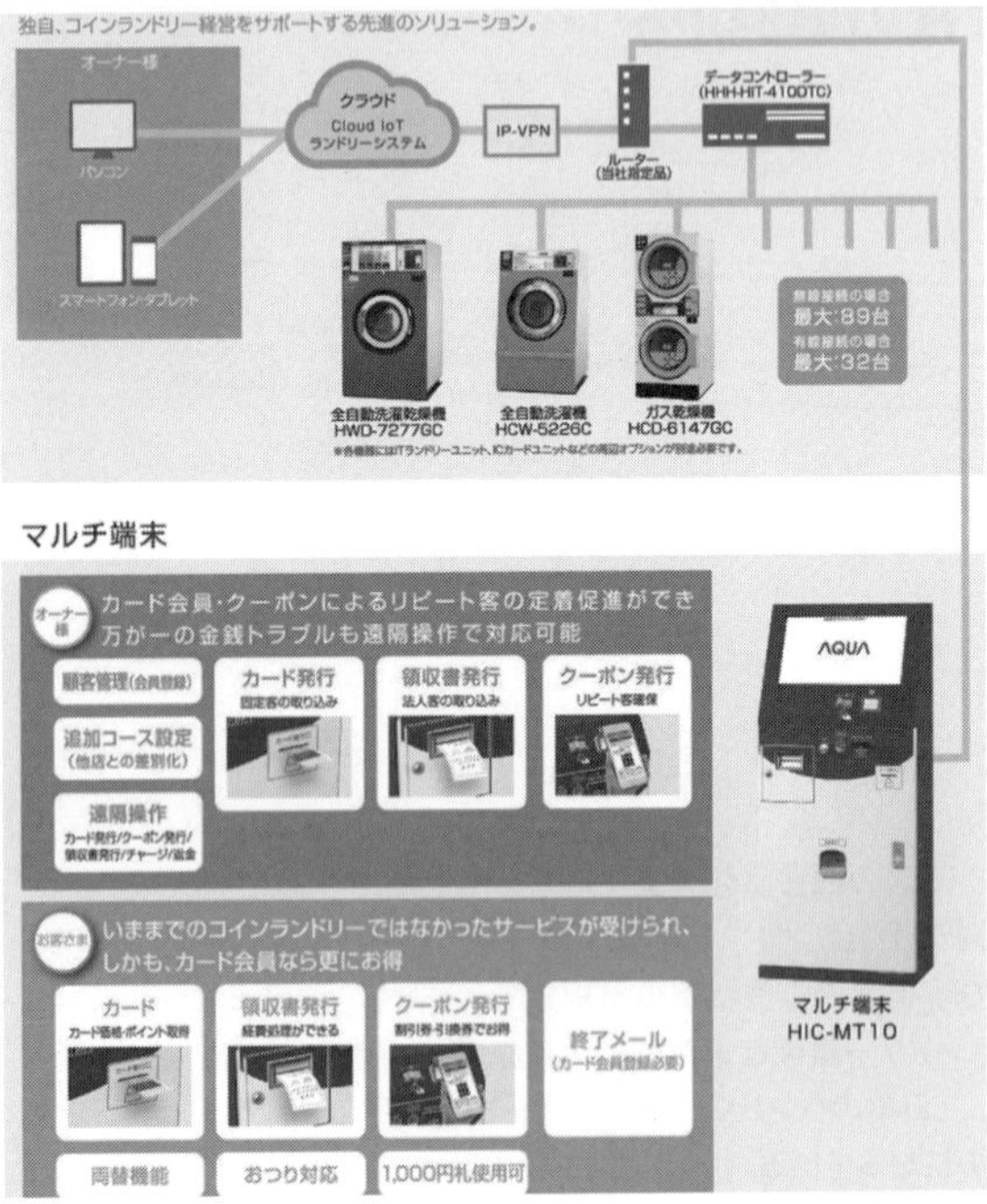

ランドリー機器がネットワーク経由で接続されている。（Webサイトより）

２００５年より業界に先駆けて「ＩＴランドリーシステム」を市場展開した。

２０１７年末から展開しているアクアの「ＩｏＴランドリーシステム」は、アクアのＩｏＴ化されたランドリー機器について専用データコントローラーを経由してクラウドに接続、クラウドからコインランドリー店の運営事業者や利用者に必要なデータを随時提供する仕組みだ［図１-１］。

2 ＩｏＴでの「洗濯機」可視化が生む店舗オーナーと顧客のメリット

このランドリー機器のＩｏＴ化は顧客と運営事業者の双方に大きなメリットをもたらす。利用者側にとってのメリットはコインランドリーの稼働状況の可視化だ。

ＩｏＴ化されていない従来型ランドリーの場合、利用者は店舗に行くまで稼働状況がわからないため、いざ店舗に行ってみてランドリー機器に空きがない場合は待たされるか、あるいは出直さざるを得ないということがあった。さらに洗濯の終了時刻は自分で見当をつけて店舗に戻ることになる。

だが、アクアの「ＩＴランドリーシステム」サービスが導入された店舗であれば、稼働状況を専用Ｗｅｂサイト「ランドリッチ（LAUNDRICH）」で手軽に確認できる［図１-２］。サイトには洗濯機や乾燥機の種別や容量が明示されており、どの容量の機器が何分後に終了するのか即座に知ることができる。これであればいざ店舗に行ったら空きがなくて待たされた、などの無駄足を極力減らせる。もちろん自分の洗濯の終了時刻もサイトでわかるので、合間に別の用事を済ませて無駄なく戻ってくることも可能だ。時間に追われがちな現代人には大変ありがたいサービスである。

一方、運営事業者側にとっても「ITランドリーシステム」の導入メリットは大きい。店舗の稼働状況・売り上げのデータ

図 1-2 ★各店舗のランドリー機器の稼働状況がわかるWebサイト「ランドリッチ」

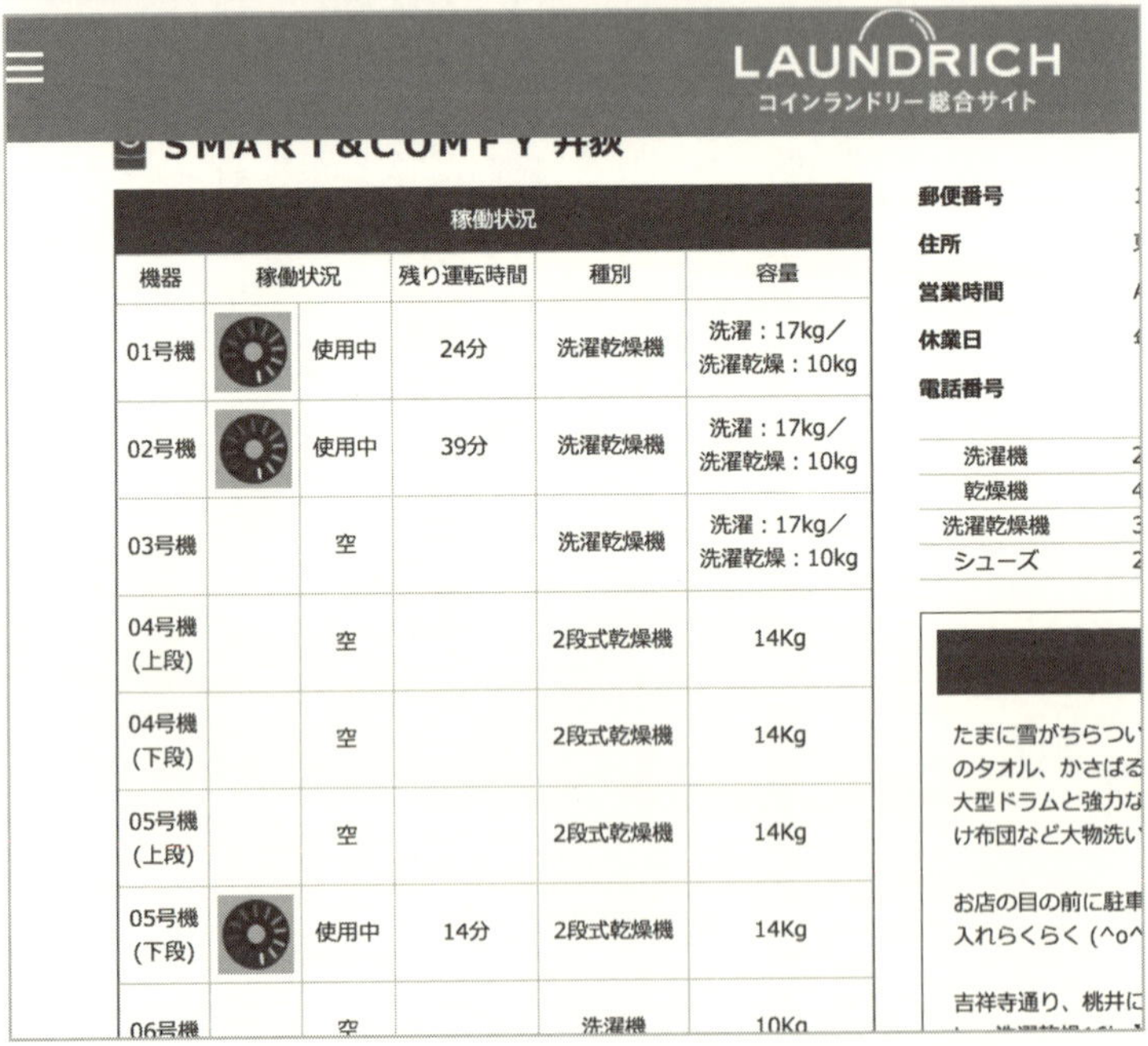

機器	稼働状況	残り運転時間	種別	容量
01号機	使用中	24分	洗濯乾燥機	洗濯:17kg／洗濯乾燥:10kg
02号機	使用中	39分	洗濯乾燥機	洗濯:17kg／洗濯乾燥:10kg
03号機	空		洗濯乾燥機	洗濯:17kg／洗濯乾燥:10kg
04号機(上段)	空		2段式乾燥機	14Kg
04号機(下段)	空		2段式乾燥機	14Kg
05号機(上段)	空		2段式乾燥機	14Kg
05号機(下段)	使用中	14分	2段式乾燥機	14Kg
06号機	空		洗濯機	10Kg

可視化はもちろん、故障時のトラブル対応をリモートで行うことも可能である。さらにＩＣカードシステムによる顧客管理も導入し、洗濯終了時に運転終了メールを送信するなど顧客サービスに加え、ＩＣカードに現金をチャージして使用することも可能な上、価格設定やポイント付与率も店舗側で変更可能だ。対競合店対策として天候や曜日、利用時間帯などに応じたＩＣカード利用者へのポイント付与率変更などの施策も行うことができ、顧客囲い込みに有効だろう。

3 さらに進化するIoTランドリー

なお、この「ＩＴランドリーシステム」は今も引き続き進化を続けている。マイクロソフトのクラウドサービス・アジュールを活用した「アクア次世代 クラウドＩｏＴランドリーシステム」を２０１７年末にサービスを開始した。これはすでに稼働している「ＩＴランドリーシステム」をベースに異業種とのシステム連携を可能とする。

現在、自社内のサーバー[★1]上で管理している、業務用洗濯機に取り付けたセンサーから取得する稼働状況や、消費者が選んだ洗濯コース情報などを、ビッグデータとしてクラウド上に移し蓄積するという。その情報をアクアと運営事業者が分析することで、マーケティング戦略立案に役立てる。なお、ビッグデータとして収集する情報は、年齢や性別など個人情報は含めておらず、個人情報の保護についてもリスクを回避している。このように進化するアクアのランドリーは、「モノビス」化の視点からも典型的な事例といえる。

4 IoTありきでなく、まず目的と戦略ありき

アクアによるコインランドリーのIoT化は、洗濯機・乾燥機を購入するランドリー運営者およびランドリー利用者のニーズに基づいている。まさに、IoTありきでなく、目的と戦略ありきだ。もちろん「IoTを導入して、何かできないだろうか」というスタートラインがあってもいいが、その場合は外部のITベンダー（ITシステムを販売する企業）への丸投げでは成功する確率は高くはない。まず、「どうしたいのか」という目的を明確にすること、そして、それを実現するための戦略にとって、自分たちがIoTを通じて手に入れることができるデータの意味や価値を徹底的に考えることが必要になってくる。さらに、熟考するためには、自社の内側だけでなく、外側にも目を向けなければならない。自社や外部の連携企業のエコシステム全体を見渡して、IoT活用の見通しを立てる必要がある。

ここで重要となるのは、序章で触れた「イノベーションデザインの4つの視点」だ。アク

アによるコインランドリーのＩｏＴ化の流れについて公開されている情報を、ここでは著者が「４つの視点」から読み解いてみた。

利用者と運営事業者への提供価値

ランドリー利用者にとっては、使いたいランドリーがふさがっていて無駄足となる場合があり、洗濯終了まで待っている時間が無駄になるなどの不便さがあることが一般的な課題だ。また、運営事業者側にはもっと顧客を増やしたい、クレームに迅速に対応したい、現金の盗難を防ぎたいなども含め運営を効率化したいという課題があった。これらの課題を解決するために、ＩｏＴ化によるランドリーの利用状況の可視化と、ＩＣカードの導入により、顧客の利便性を高め、ランドリー利用者を増やし、運営事業者の課題に貢献ができるとアクアは考えた。課題も提供価値も明確である。

利用者への提供価値として、来店しても目的の機器が使えず競合他店を利用してしまう（無駄足）などの**機会損失の低減**、そして洗濯中の時間を買い物など他の用事に使えるなど**時間の有効活用**ができるようになったことが大きい。

★１―オンプレミスサーバーとも呼ぶ。サーバーを利用企業内部に設置するもの。クラウドコンピューティングが普及する以前は、サーバー設置の一般的な手法だった。クラウドなど外部リソースをオンデマンドで利用する手法が普及したこともあり、「オンプレミス」や「自社運用」という呼び方がされるようになった。

さらに運営事業者への提供価値は次のようになる。顧客情報管理での利用者のリピート率向上による**囲い込みの実現**、故障など顧客からのクレーム対応の迅速化によるランドリー利用者の**満足度向上**があげられる。店舗管理の点では、機器故障の遠隔操作などによる稼働率の向上、ＩＣカード決済による効率化と店舗に現金を置かないことによる盗難対策も実現できた。

ランドリーの「ＩｏＴ化」は提供価値をどう高めたか

運営事業者側としては、アクアによる「ランドリー機器のＩｏＴ化」により、ＩｏＴ化以前ではリアルタイムで得ることのできなかったさまざまな情報を得ることが可能になった。具体的には、常時、ランドリー機器の状態を把握できるようになり、さらにランドリー機器から得た稼働・売り上げ情報をクラウド側で処理・分析し、閲覧・通知できるようになった。保有するランドリー機器の稼働率を可視化できたことで、利用状況に応じて料金の値引きを実施するなど、きめ細かな販売戦略が可能になり、アクア製品の導入に対する大きなメリットになった。さらに複数の店舗で稼働する機器を一元管理し、季節や時間帯別の売り上げデータを可視化して、地域の実情に合った稼働率の高い機器への入れ替えを行うなど、店舗ごとに柔軟な販促戦略を検討できるというメリットも生み出した。

また、ＩＣカードの導入により、利用時に付与するポイントサービスの実施など、ランドリー利用者の囲い込みが可能になった。また、さまざまな決済機能を集約した専用端末の導入によりキャッシュレス化も大きな利便性をもたらした。

ランドリー利用者に対する「ランドリー機器のＩｏＴ化」による「提供価値」としては、まず、本ケース冒頭で触れたランドリッチ経由での個々の店舗のランドリー機器稼働情報の表示により来店時の無駄足を防ぐというメリットがあげられる。さらに支払いに使用するＩＣカードにランドリー利用者のメールアドレスをひもづけさせることで、洗濯などの終了時に利用者にメールで連絡を行うことも可能になった。ＩｏＴの活用がランドリー利用者への「提供価値」向上に直結している。

オープン&クローズ戦略を活用するアクア

「オープン&クローズ戦略」について、アクアでは高度な洗濯機・乾燥機自体のＩｏＴ化は、外部の企業に頼らないクローズ戦略のもとで自社開発を行っている。フィジカルに相当する部分は自社の技術でまかなったということだ。それに対してランドリー運営者向けの情報提供等の仕組みは、すでに運用実績のある株式会社セールスフォースのクラウドサービスを利用している。オープン戦略で他社の力を活用し、**エコシステムを実現**している。

また、自社ではランドリーそのものの運営には直接タッチしないが、ランドリー運営事業者向けに単なるランドリー製品の提供だけでなく、情報提供等のプラットフォームを提供している。これによって、ランドリー運営者の経営を拡大し、自社のランドリー製品の売り上げ増加につなげている。ランドリー運営者をもエコシステムにうまく取り込むことに成功したのである。

自然にたどりついたIoT化への道

「イノベーションの課題克服」については、アクアでは障壁となる大きな課題はなく、IoT化について自然に意思の決定ができたといえるだろう。

アクアの前身の旧三洋電機は1971年からコインランドリー向けの洗濯機・乾燥機を開発・販売し、ランドリー運営事業者を支援する取り組みを続けてきた歴史がある。2005年には、「ITランドリーシステム」を開始し、現在の「IoTランドリー」に至っている。アクアにはもともと運営事業者や利用者のニーズに基づく製品開発をしていくという社内の共通認識があった。IoTの導入も、新規にサービス事業を立ち上げることが目的ではなく、顧客のニーズに応えていくうちに自然にたどりついたというべきだろう。スマートフォンなど、デジタル機器の個人への普及もこの判断を後押しする結果となった。

そして旧三洋電機からハイアールへという、会社組織の大きな変動という困難の中でも、この姿勢は変わることなく現在に至っている。

ＩｏＴ化など先端施策を打ち出しトップシェアとなったアクア

コインランドリーの店舗数は、厚生労働省の統計によると２００３年度の１万２７２６店舗から２０１３年度１万６６９３店舗と約３割も増加し、コンビニなども参入する激戦区になっている。

その中でアクアは、市場シェア75％（２０１５年実績・産業機械工業会・コインランドリー分科会調べ）とトップを占めている。ＩｏＴ化による利便性の向上施策が功を奏し、ランドリー店舗経営者と利用者、そしてアクア自身のトップシェア獲得と、まさに三方良しの結果となっている。

ケース 2

IoT化でプリント基板製造ラインのロスを大幅低減

富士通アイ・ネットワークシステムズ株式会社の事例から

富士通アイ・ネットワークシステムズ株式会社は
自社の製造ラインにおける課題の解決をＩｏＴ化によって達成し、
実施の過程で他社との協業によるエコシステムを実現した。
さらにその成果が国際的なＩｏＴ推進団体の
参考事例（テストベット）として認定されている。
いったいどのようなＩｏＴ導入戦略が行われたのか、詳細をみていく。

1 成功のキーワードは「目的と戦略」「エコシステム」

富士通株式会社（以下、富士通）とそのグループ企業・富士通アイ・ネットワークシステムズ株式会社（以下、ＦＩＮＥＴ）は業務のカイゼン[★1]にＩｏＴを導入し、プリント基板製造ライン[★2]（以下、ライン）のロスの大幅低減を実現した。これはＦＩＮＥＴの現場の知恵と、富士通グループとＦＩＮＥＴがもつソリューション能力の組み合わせで実現した成功事例だ。

このケースは、ＩＴ業界大手のシスコシステムズ合同会社（以下、シスコ）がＩｏＴ導入におけるインフラを担当していた点でも注目されている。ＩｏＴ化に際し、ビジネスの戦略的な方向性に加えて、エコシステムの構築についても十分な検討が行われたのである。

ＦＩＮＥＴは、１９４３年に設立された株式会社長谷川製作所がルーツで、電話交換機の製造を行ってきた企業だ。１９９６年に現社名に変更、現在は主にＩＰ電話の回線交換装置やネットワーク機器の製造を行い、さらに山梨工場ではこれらのほかに富士通が販売する他社製品の受け入れ検査を実施しているという。

今回、ＦＩＮＥＴがＩｏＴ化で目指したものは製造時間ロスの削減を目的とするカイゼンだ。ＦＩＮＥＴは以前よりカイゼンに取り組んでいたが、少量多品種生産で、部品生産の段取りの作業が多い中で、「チョコ停★3」が頻発していることへの対策が焦点となっていた。製造ラインが停止すれば直ちに生産性に影響が出てしまう。生産性の向上が今回のＩｏＴ化で達成するべき目標だった。

2 属人的な知見をIoTでデータ化へ

ＩｏＴ化に際して、富士通とＦＩＮＥＴが重視したのは、現場に余計な負担を与えることなく、最低限の手間で導入できるかという点だ。ＩｏＴ化がいかに有効な施策でも結果的に生産性が低下するようでは本末転倒となってしまう。その結果、導入は3段階のフェーズを

★1―主に製造業の生産現場において行われる業務効率の向上や安全性確保、品質の向上などを目的とした、作業の見直し活動のこと。上からの命令ではなく、現場の全員が主体性をもって参加することが特色である。一般的な「改善」と区別するためにカタカナで表記されることが多い。

★2―電子機器のパーツであるプリント基板（電子配線板）を製造するための配線や加工を行う工作機械で構成された製造ラインのこと。プリント基板とは電子部品（ＣＰＵや記憶装置など）を取り付ける以前の、配線や加工のみが行われた状態の電子基板を指し、これに電子部品を取り付けることで「電子回路」として機能するようになる。

★3―生産設備が10分以内の短い時間、かつ頻繁に何度も停止する様を表現した用語。

経て実施された。

まず「フェーズ1　ラインデータの見える化（可視化）」「フェーズ2　製造リードタイムの改善」を1年かけて行い、最終段階として「フェーズ3　設備停止の予防」が到達目標とされた［図1-3参照］。

フェーズ1では、具体的な可視化の手段としてIoTセンサーで収集したラインの作業開始から終了までの稼働情報（ログデータ）を、富士通の開発したIoTソリューション「ビジュアルライン」でグラフとして表示し、そこにエラーの発生時刻やパーツの補充時間などの情報を重ね合わせる工夫がなされた。ラインが順調に作動していれば、稼働中のログデータはグラフ上の時間軸に沿って一定の線で表示されるが、トラブルが発生すると線に空白が生じ、ラインの停止を示すようになっている。これにより空白の直前に何があったのかが容易に視覚化される。さらに現場で作業している担当者のコメントも合わ

図1-3★IoT導入の段階

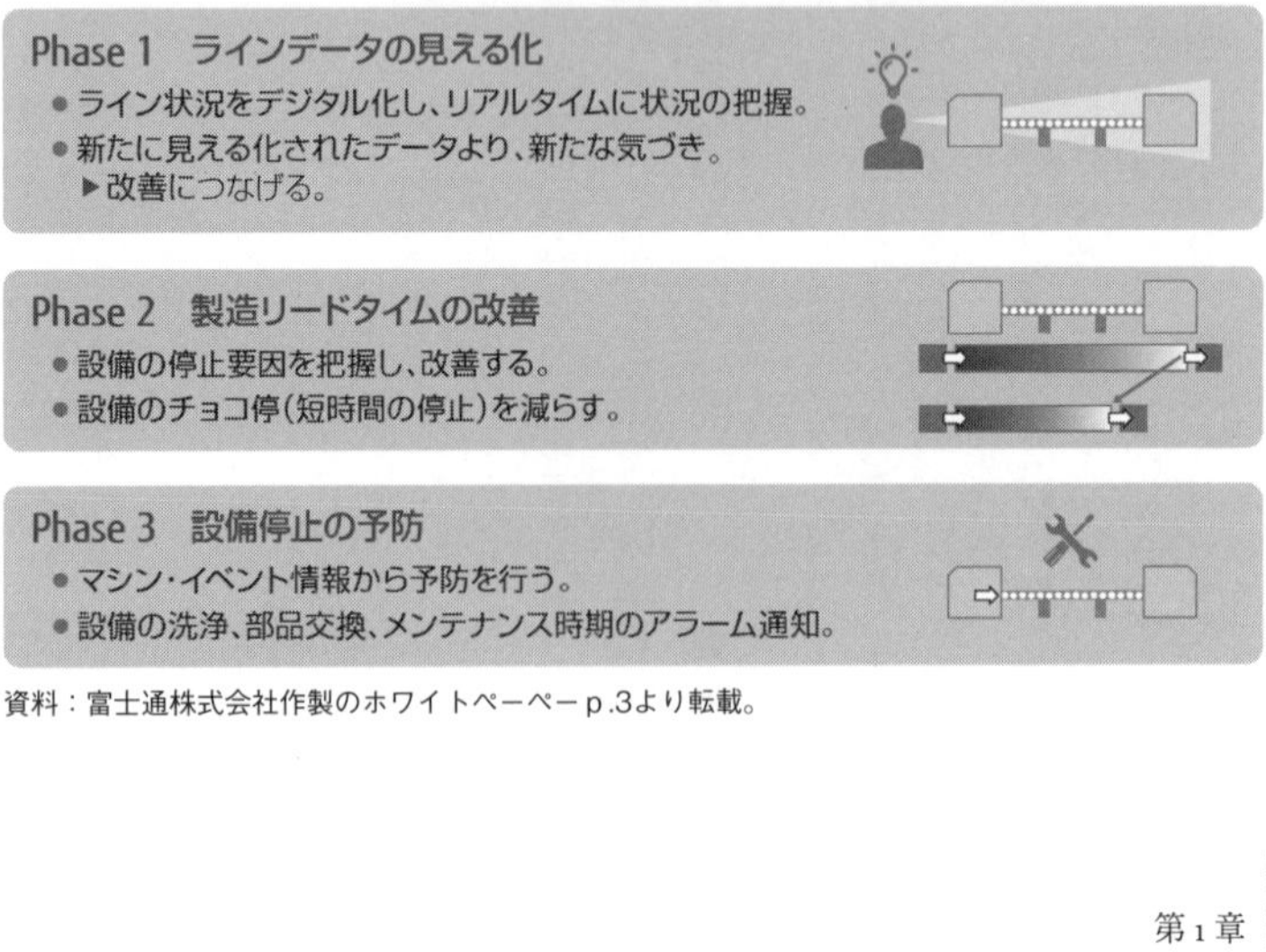
Phase 1　ラインデータの見える化
● ライン状況をデジタル化し、リアルタイムに状況の把握。
● 新たに見える化されたデータより、新たな気づき。
▶改善につなげる。
Phase 2　製造リードタイムの改善
● 設備の停止要因を把握し、改善する。
● 設備のチョコ停（短時間の停止）を減らす。
Phase 3　設備停止の予防
● マシン・イベント情報から予防を行う。
● 設備の洗浄、部品交換、メンテナンス時期のアラーム通知。

資料：富士通株式会社作製のホワイトペーペーp.3より転載。

せて記録し、グラフに重ねて表示することで、「**稼働状況のデータ**」だけでなく「**人間の気づき**」も併せて視覚化できるようにした。

フェーズ2では、フェーズ1での可視化によってはじめて可能になった、エラーの詳細な分析が行われた。その結果、作業手順の改善やソフトウェアの改修など、必要な対策が行われた。これらの改善により「ラインのIoT化で、ラインの停止時間を25％も削減するという大きな成果を得た」★4とのことだ。

そして「フェーズ3　設備停止の予防」に関して、FINETビジネス推進ビジネスソリューション部部長・武井尚也氏は「ライン停止の前にエラーの回数が増えている、といった相関があることがわかりました。可視化によりエラーが増えている箇所の情報を知ることができるようになったので、ラインが停止する前に対策を施せるようになりました」と語っている。さらに可視化により既存のシステムや作業手順についての改善点も判明、作業手順についてはタブレットPC導入による作業者の段取りスケジュールの見える化なども実現したという。

これらの積み重ねにより、結果的にラインの停止時間は25％削減、生産性は20％向上とい

★4―富士通株式会社　ホワイトペーパー「効果を模索しながらIoTを導入した工場でライン停止時間25％削減の効果」http://www.fujitsu.com/jp/documents/innovation/digital/manufacturing/dl-contents/2017/case-study-01/case-study-01.pdf

う大きな成果を得ることができた。さらに作業の現場でも、ラインで起こっていることを担当者がリアルタイムで把握できることで、作業への達成感や充実感が高まる効果があったという。

3 自社で成功したＩｏＴ化のモデルが親会社のビジネスに発展

カイゼンの目標は「自社システムの課題解決」

ここではＦＩＮＥＴの製造ラインの稼働トラブル解決に至る過程を取り上げた。「4つの視点」からの分析として、提供価値とイノベーションの課題克服の点ではどうだったのだろうか。まずＦＩＮＥＴは、従来のカイゼンでは解決しなかった「ラインが頻繁に停止する」「ライン停止時に根本的な解決を図らず再稼働させ続けていた」という2点について、ＩｏＴ化により解決することを目標とした。

これらの課題を解決するためには、ライン停止の原因を把握し、再稼働のノウハウが形式知化された。これにより、チョコ停などのトラブルに対してシステマティックに対応できるようになり、自社システムの課題解決という価値がもたらされた。

「可視化」を目的にＩｏＴ化を実現

次にＦＩＮＥＴにおける「ＩｏＴ活用方式」についてみてみよう。

本ケースにおいてＦＩＮＥＴの課題はまず**「製造ライン停止の原因把握」**と**「再稼働のノウハウの形式知化」**であった。形式知化にあたっては、必要なデータを製造ラインからどのように収集、分析するかが重要であるが、ＦＩＮＥＴではセンサーやタブレットＰＣなどフィジカル側で集められた情報をクラウド側で処理する仕組みがうまく構築できている。

フィジカル側に集まる情報は、ライン内の製造装置の稼働状況ログ、製造量の計画と実績のデータ、作業員が入力するコメントなどの情報、ラインに設置したカメラの画像情報などであった。それをクラウドに集約し、ＩｏＴソリューション「ビジュアルライン」を活用して情報を可視化した。しかし、これだけでは、トラブルの改善に結びつけることはできない。ＦＩＮＥＴには、取り出したデータ（ビッグデータ）を分析・予測ができる人材がいたことが大きいのだ。その結果、組織改編や現場の作業手順の大幅変更を行わずに、ＩｏＴ化のみで有効なトラブル対策を得ることができたのである。

グループ企業と外部企業の力をエコシステムとして活用

「オープン＆クローズ戦略」の視点からはどうだろうか。ＦＩＮＥＴの場合、フィジカル側では情報入力機器としてタブレットＰＣなど、外部企業の市販製品を活用している。また、インターネットおよびクラウド側ではフィジカル側で収集されたデータ処理の一部を、外部企業であるシスコのソリューションが担い、親会社である富士通のＩｏＴソリューション「ビジュアルライン」が稼働状況の可視化を実現している。さらに株式会社ｓｍａｒｔ-ＦＯＡの「情報短冊」という、センサーが収集したデータを人間が意味を見出しやすいように整理して提示・共有するソリューションも利用している。このケースの場合、外部の力を適材適所に配置して、オープン&クローズ戦略を成功させていることがみて取れる。

ＩｏＴ化のモデルを「小さくつくって大きく育てる」

このケースでは、「**盆栽モデル**」といわれる形式でＩｏＴ化が進められている。盆栽モデルとは、最初に実証実験的な小さな仕組みをつくり、得られた結果から仕組みを改良し、他にも適用範囲を広げていくというものだ。

具体的には、製造ラインの一つを実証用にして、ＩｏＴ化のモデルをつくったのである。そして、当初の目的を満たしているかを判断し、「成功」であること確認した上で、本格実装し拡大していった。

ＩｏＴ導入は自社だけでなく、同業種や元請け・下請けなど広範囲に拡大していくことで、より大きな効果が望める場合がある。ＦＩＮＥＴでは自社のＩｏＴ化に成功した後、親会社である富士通に対して、このモデルをビジネス化することを提案している。富士通は、この事例に基づくソリューションモデル（導入事例）を米国のＩＩＣに提案し、参考となる事例を指す「テストベッド」★5として承認されている。テストベッドとして承認されたソリューションモデルは世界中の企業から参照されることになった。ＦＩＮＥＴの事例は、今後は富士通のＩｏＴソリューションビジネスとしても大きく発展していくことが期待されている。

★5―ＩＩＣが提唱しているリファレンス・アーキテクチャ（参照モデルともいう）に準拠した検証用モデルを指す。実際の業務環境に近い状態で試験を行いその結果を公表し、後続の導入企業が参考とするもの。なお、リファレンス・アーキテクチャについては本章後半で解説している。

【まとめ】

企業間競争を勝ちぬくIoTによるイノベーション

1 IoTによるイノベーションが変える世界

アクアとFINETのケースで示したようにIoTによるイノベーションは、製品や製造だけでなく農業、交通運輸などさまざまな産業や社会で大きな変化を起こしつつあり、この流れはもう止まることはないだろう。IoTによる現実空間（フィジカル）とインターネット（クラウド）の統合は、社会や経済活動のありようを大きく変えつつある。現実社会のデータがIoTセンサーやスマートフォンで収集され、インターネットを経由してクラウドで処理され、現実社会にフィードバックされるという流れが生まれている〔図1-4参照〕。

この統合により生産現場での効率化、物流の迅速化などが実現し、暮らしの利便性の向上などがみられる一方で、地球規模での企業間競争の激化という経済構造の変化が起きている。

かつて企業間競争の源泉は、その企業がもつ資本力や設備、労働力などの経営リソースだったが、21世紀は「知識」が最も重要な経営リソースになってきている。インターネット環境の拡大とともに「知識」は世界中から調達可能となり、グローバルな競争・協調環境における競争力の源泉は、他社を圧倒する製品やサービス開発における「**進化のスピード**」と、オープン&クローズ戦略にみられるように他社の力を利用する「**エコシステムのデザイン**」

図 1-4 ★ I o Tによるリアルとネットの統合

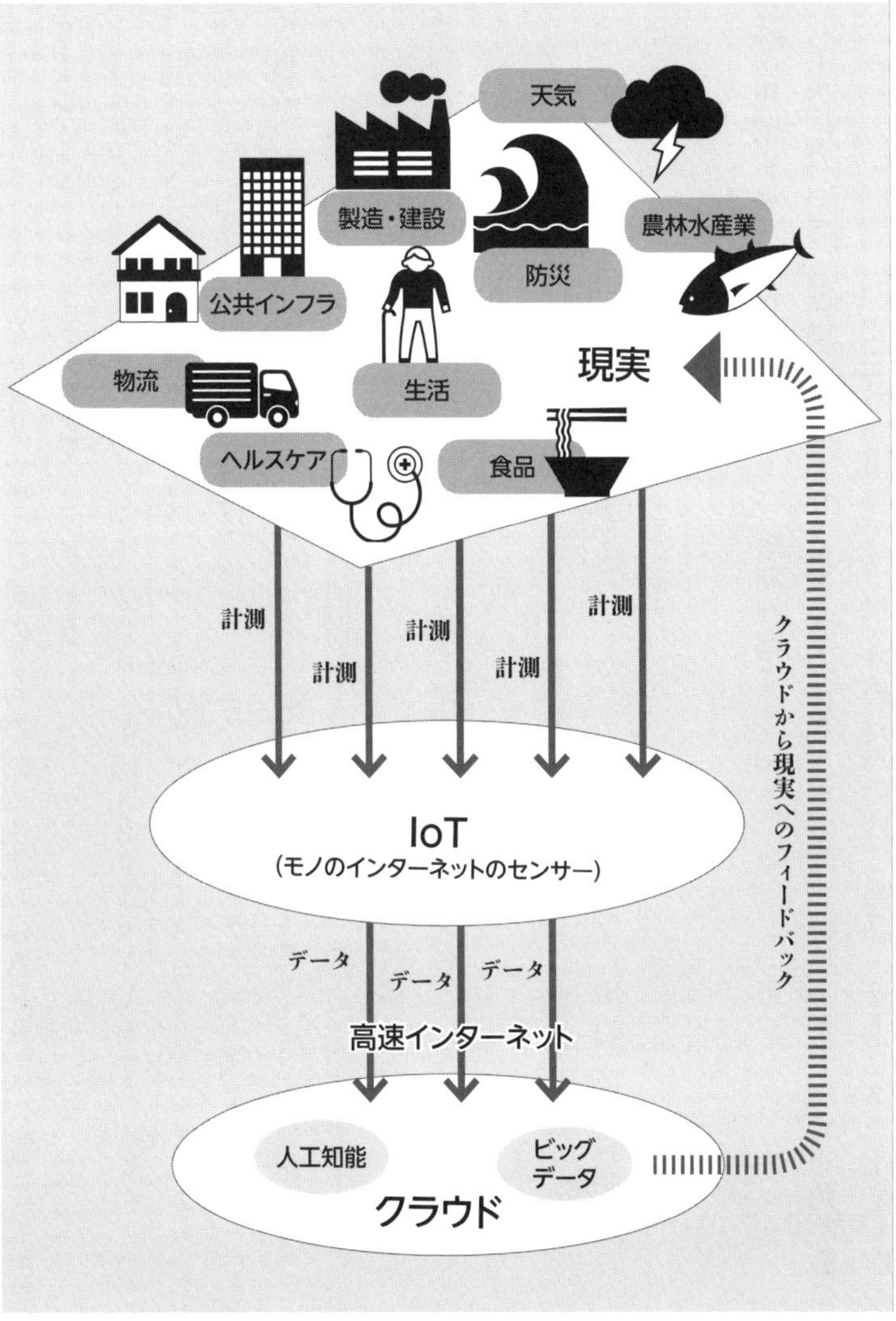

だ。インターネット空間を支配するアメリカの4つの巨大企業「GAFA」の急激な発展をみてもこの2点がポイントであることがわかる。

例えば「進化のスピード」の例として、２００７年にＡｐｐｌｅＴＶを生み出したアップルは、間断なくその機能の強化を続け、スマートテレビ市場で大きなシェア（２０１７年夏の調査によると米国で第4位）を確保し続けている。一方、「エコシステム」の例としては、ＧＥの産業機器向けＩｏＴプラットフォームであるプレディクス（Ｐｒｅｄｉｘ）が代表的だろう。プレディクスを利用する企業は自社の産業機器のＩｏＴ化に際し、独力で開発するよりも短期間・低コストで実現でき、一方でＧＥはプレディクスの使用料で収益をあげるとともに、導入事例として宣伝材料とすることで、さらなる顧客の拡大ができるという大きなエコシステムを構築しようとしている。

２０１８年現在、イノベーションを取り巻く環境はさらに変化している。「進化のスピード」と「エコシステム」の2つの戦略を実行するためにどのような具体的な手段があるのかを紹介する。

他社を圧倒する「進化のスピード」（短期戦略）

ＩｏＴ化において**「進化のスピード」**を手に入れるためには、製品・サービス開発のＰＤＣＡサイクル[★6]を高速に回すことが重要である。そのためには、製品・サービスを小さく作って大きく育てる点がポイントになる。完成度の高い製品・サービスを、時間をかけて設計・開発するのではなく、最低限の機能でもビジネスとして成立する製品・サービスを早期に実際の市場に投入し、市場のフィードバックを反映しながらその完成度を徐々に高めていく手法を用いることで、他社を圧倒するスピードを手に入れることが可能になるのだ。

この手法は**リーン・スタートアップ**と呼ばれ、今注目を集めている。リーン・スタートアップは、リーン（無駄がない）とスタートアップ（起業）を組み合わせた造語だ。サービスの開発と運用を一体化（DevOps）しているサービス開発現場では、すでに「朝思いついたアイデアを昼に実装し、夕方にはサービスインする」というスピードはもはや比喩的な表現ではなくなっている。

リーン・スタートアップで生み出される製品・サービスは、MVP（ミニマル・バイアブル・プロダクツ、実用最小限の製品の意）、MVS（ミニマル・バイアブル・サービス、実用最小限のサービスの意）などと呼ばれる。「スタートアップ」は起業を意味する言葉だが、リーン・スタートアップは決してベンチャー企業のためだけの手法ではない。大企業や中堅・中小企業でも、新製品・サービス開発時には使える手法であり、本章で紹介したFINETの盆栽モデルは

★6—PDCAサイクル　plan-do-check-act cycleのことで、Plan（計画）→Do（実行）→Check（評価）→Act（改善）を繰り返し、ビジネスや業務効率を改善していく手法。

まさにこれに該当する。

現在、リーン・スタートアップやDevOps《デブオプス》の手法をサポートするソフトウェア開発ツールが整備されてきている。その1つが**クラウドネイティブ・アーキテクチャ**だ。[★7]これは外部の企業が利用することのできる、クラウドサーバー上で提供されるシステムのことである。利用者はこのサービスを継続的に利用することができ、システムの機能の入れ替えや増強も自在である。利用者はクラウドネイティブ・アーキテクチャを提供する企業に使用料を支払うことで、このシステムを利用できる。

クラウドネイティブ・アーキテクチャの活用で成功した事例では、動画配信サービスのネットフリックス（Netflix）がビジネスの急速な拡大に対応するためにアマゾンの提供するAWS（アマゾンウェブサービス）を活用したことが広く知られている。ネットフリックスはAWSのクラウド上の数千台のサーバーと、大容量のストレージを使ったシステムを利用し、その上にクラウドネイティブアーキテクチャーでシステムを再構築し、世界中のどこからでも、どんなデバイスでも動画をストリーム再生することができる環境を短期間で構築したのである。

また、ハードウェア開発の現場でも3Dプリンターが製品開発の高速化に貢献している。ソフトウェア開発分野で起きていた高速なPDCAサイクルでのビジネスの加速が、3Dプリンターの普及によって製造の現場にも波及してきたといえる。

他社の力を利用する「エコシステムのデザイン」（長期戦略）

短期戦略としての「進化のスピード」と同時に長期戦略としての「**エコシステムのデザイン**」が重要となる。ビジネスを自社だけで閉じて行うのではなく、他社（パートナー）の力をうまく活用しながら大きく成長させていくこと、それがエコシステムのデザインである。このエコシステムでカギとなるのが「**プラットフォーム**」と「**標準化**」である。

プラットフォームとは、さまざまなソフトウェアやサービスを動かすための土台（基盤）となる環境を指すＩＴ用語だ。パソコンで言えばＷｉｎｄｏｗｓやＭａｃＯＳ、スマートフォンで言えばアンドロイドＯＳやｉＯＳなどがこれに該当する。

マイクロソフトのアジュールなどのサービスはクラウドを動かすためのプラットフォームであり、先に述べたＧＥの産業機器向けＩｏＴプラットフォームのプレディクスやインテルのチップセットもプラットフォームである。最近では、最新の人工知能の機能もプラットフォーム化され、誰でも簡単に利用できるようになってきている。

ＩｏＴ化を検討するにあたり、「プラットフォームを自社で作るのか、他社に乗るのか」という考えも重要だ。『プラットフォーム・リーダーシップ――イノベーションを導く新し

★7―ＤｅｖＯｐｓとは、開発チーム（Development）と運用チーム（Operations）がお互いに協調し合って、システムやソフトをつくりあげること。

い経営戦略』[★8]で紹介されているプラットフォーム・リーダーシップを握る戦略、すなわちプラットフォームを自ら作り、ビジネスでの主導権を得る戦略を取り得るとしたら理想的ではあるが、現実的にはプラットフォームの開発には膨大な時間と費用がかかる。しかし、他社のプラットフォームを利用するだけでは、自社の競争優位を保ちにくい。

そこでエコシステムを構築して、自社の強みは「クローズ」にして他社に利用させず、一方で他社の力を

図 1-5 ★さまざまな標準の特徴

	概要	策定主体	拘束性	利用に関しての制限	例
デジュール標準	IEC や ISO など国際標準や JIS などの国家標準	政府組織や国際機関、業界団体	強い	基本的にオープンで誰でも利用できる	IEC や ISO、JIS など
フォーラム標準	フォーラム標準は業界規格として標準化を目指すもの	業界団体	やや強い（複数の規格が並立する場合がある）	デジュール標準より拘束性は低いがクローズになる場合がある	Bluetooth や DVD
デファクト標準	企業規格として、市場での自由競争などで優位に立った特定企業の製品が事実上の世界標準となるもの	企業	ない	基本的にクローズでインターフェーズを公開	Windows や Intel のチップセット
コンソーシアム標準	業界規格と企業規格の両方の性質をもち、技術力のある企業が中心となってコンソーシアムを組織し、コンソーシアム参画企業間におけるオープンイノベーション体制のもとで技術の共同開発を行い、戦略的かつ場合によってはクローズドに標準を策定するもの	コンソーシアム	弱い（複数の規格が並立する場合がある）	コンソーシアム参加企業に限定される場合やオープンな場合などさまざま	W3C

利用可能なところは「オープン」にするのが、「**オープン&クローズ戦略**」だ。オープン&クローズ戦略に関しては第4章で詳しく解説する。

さらにエコシステムの重要なカギとなるのが「**標準**」である。標準は「規格」とも呼ばれ、関係する人々の間で利益・利便が公正に得られるように統一・単純化を図る目的で定めた取り決めのことである。

例えば、JIS規格でコンセントの形状や構造についての規格が標準化されているおかげで、1つのコンセントで多くのメーカーの家電が利用できる。Bluetoothやウィンドウズなども標準である。標準には国際機関や政府が主体となって定められたものや、ある企業の製品が自由競争で優位に立ちそのまま標準となったものなどさまざまな成り立ちがあり、その拘束性も多様である。詳細は［図1-5］を参照してほしい。

自社のIoT化を考えるにあたり、製品・サービスを標準にのっとったものにすることで、より広く普及させることができるメリットがある。自社に有利な標準をいかに選択・構築するかは企業の戦略にとって極めて重要であり、国際的にさまざまな駆け引きが行われている。

コンソーシアム[★9]でのIoTの標準化のアプローチとして、**リファレンス・アーキテクチャ**の

★8—アナベル・ガワー、マイケル・A・クスマノ著、有斐閣、2005年。
★9—企業や団体の連合体・協議体のこと。排他的な企業連合から標準を策定するためのオープンなものまでさまざまな種類がある。

活用がある。各コンソーシアムからリファレンス・アーキテクチャが提唱されており、これについては、次で述べる。

2 リファレンス・アーキテクチャがIoTイノベーションを推進する

現在、世界各国でIoT導入のための情報提供が行われている。ここではそのうち私たちが目にする機会の多い、独米日の情報提供について簡単に解説する。

リファレンス・アーキテクチャとは?

「リファレンス・アーキテクチャ」とは、「よくある使用方法（ユースケース）とそのための典型的なシステム構成をまとめたもの」である。簡単にいえば、特定の使用目的に対応したシステム構成のひな型といえるだろう。例えば、ある企業が提供しているWebカメラ管理システムのリファレンス・アーキテクチャを利用し、自社の都合に合わせてその使用方法やシステム構成をカスタマイズすることで、短期間にコストを掛けずにシステムを開発することができる。

IoTのカバーする領域は、デバイス、ネットワークからビジネスまで幅広い。以下では世界および日本で提唱されているＩｏＴ関連のリファレンス・アーキテクチャＲＡＭＩ４・０とＩＩＲＡ、ＩＶＲＡについて簡単に紹介したい。

最も先行しているドイツのＲＡＭＩ４・０

ドイツ政府の提唱する第４次産業革命「Industry4.0」のリファレンス・アーキテクチャが「ＲＡＭＩ４・０（Reference Architecture Model Industrie 4.0）」だ。工場内のあらゆる情報が可視化された「つながる工場」、さらに「スマートファクトリー」と呼ばれる設備と人間がネットワークによってつながり協調・協働する先進的な工場を実現するための、技術的な枠組みを固めることを目標としている。ＲＡＭＩ４・０は、スマートファクトリーのアーキテクチャ（構造）の全体像について、製品のライフサイクル（開発、製造、保守など）、機能のレイヤー（ビジネス、情報、通信など）、対象のレベル（製品、工場、企業など）の３つの軸で表現しているのが特徴だ。

Industry4.0では、ＩｏＴのシステム的な面だけでなく、工場の組織や作業者の訓練など人・組織の面までも視野に入れている点が興味深い。

米国を中心にさまざまな国の企業や標準化団体が結集したＩＩＲＡ

ＩＩＲＡ（Industrial Internet Reference Architecture）とは、ＩＩＣが提示するリファレンス・

アーキテクチャだ。ＩＩＣはＧＥ、インテル、シスコ、ＩＢＭ、ＡＴ＆Ｔが２０１４年３月に設立した組織で、米国における産業向けＩｏＴビジネスの中心的業界団体だ。さまざまな標準化団体と連携し、ドイツのインダストリー４・０参加企業の中にはこちらにも参加している企業もある。インダストリー４・０が、スマートファクトリーに特化しているのに対し、ＩＩＣは、スマートファクトリー、スマートシティー、エネルギー、ヘルスケアなど産業用ＩｏＴを活用したさまざまな分野をカバーする。ＩＩＲＡでは、ビジネス、利用、機能、実装の４つの視点で、アーキテクチャの全体像を示している。

「ゆるやかな標準」で普及を目指す日本のＩＶＲＡ

ＩＶＲＡ（Industrial Value Chain Reference Architecture）とは、法政大学の西岡靖之教授が中心になり、日本の大手製造業約70社が参加するＩＶＩが提唱する、前述のＲＡＭＩ４・０、ＩＩＲＡなどと同等のリファレンス・アーキテクチャだ。ＩＶＲＡは、人の作業も含む「現場感」など、日本のモノづくりの強みも取り込んだ「ゆるやかな標準」を目指している。これは、過度な標準化によって、型にとらわれすぎて効率を落としたり、柔軟性や発展を阻害するリスクを避けたいという考えに基づいている。

第1章

Chapter

point

- IoTありきでなく、まず目的と提供価値を明確にしなければならない
- 小さく始めて大きく育てる「リーン・スタートアップ」が成否の鍵となる
- 長期戦略では、他社の力を活用する「エコシステム」のデザインが重要

IoT イノベーションは中小企業にこそ大きなチャンス

第2章

Chapter

キーワード

リーダーシップ
コストダウン
見える化
第4次産業革命
つながる工場

さまざまな技術や経済状況が生み出した第4次産業革命は、クラウドやAI、そしてIoTなど各分野で大きなイノベーションを生み出しビジネスの仕組みを大きくリセットし、パラダイムシフトを起こしつつある。このリセットにより、大企業や中堅・中小企業、さらに起業家などが同じスタートラインに立つという希有な時代が到来した。

本章ではIoTを活用し、大きくプレゼンスを増している中堅・中小企業を取材し、彼らが何に悩み、それをIoTなどのツールと戦略を使ってどう乗り越えたかについて解説する。

ケース 3

IoT導入で徹底的にコストダウン、低価格の他国製品に対抗

武州工業株式会社社長・林英夫氏に訊く

ここ十数年、後発工業国による日本など先発工業国への
技術的・価格的な追い上げはきわめて厳しいものだった。
これに対し日本企業は、IT 化やロボット化、
さらに人件費の安い国への進出などさまざまな工夫をもって対処してきた。
しかし、ここで取り上げた武州工業の選択肢は違った。
IoT の導入によるコスト低減化の道を選んだ。
前人未到の道を、自ら模索しながら苦闘し、
新しい道を切り開いた武州工業の施策を紹介する。

1 コストダウンの基本は「1個流し生産」方式

「うちはねえ、ラーメン屋みたいなもんなんですよ」

東京都青梅市にある武州工業株式会社（以下、武州工業）。2代目社長である林英夫氏はこう言って相好を崩す。同社はパイプの極小曲げ加工を得意とする金属加工会社で、自動車のエアコンやラジエーター用パイプをメインに手掛ける。また、最近は医療機器や健康機器の部品、さらには自社ブランド製品としてパイプをつなぐだけでいろいろな形にできる知育玩具なども開発している。

それがなぜラーメン屋なのかというと、あたかもラーメンを作るかのように自社製品を作るからだという。現在、生産工場のほとんどは「ライン生産方式」を採用している。ベルトコンベアなどでつなげた「ライン」上に作業スタッフを配置、それぞれが決められた工程を担うというものだ。同社はこれとは真逆の方法を取る。一人ひとりが最初から最後まですべて手掛けるのだ。林氏は言う。

「顧客からこんなものを作ってほしいという依頼が入ると、誰に担当させるかを振り分けます。担当になった人間はまずどのような工程で、どのように加工するのかを検討し、それに応じて加工機械や治具を用意します。そうしてそれらを自分が作業しやすいよう、自身の周りにぐるりと配置します。そのうえで材料を調達して加工を行い、最終的には出荷管理まで行うわけです」

一人で麺をゆで、スープを注いで、具をのせて作るラーメン店の店主と基本的には変わらないというわけだ［図2-1］。

同社が「1個流し生産」または「セル生産」と呼ばれるこの方式を採用するのは、一つには多品種少量生産をメインとしているからだ。顧客からの依頼はさまざまなので、いつでも柔軟に生産ラインを変えられるようにしておく必要がある。ラインを固定して、一人ひとりの作業員が決められた工程しかできないといった状態だと、とても対応しきれない。

また、コスト削減という狙いもある。自動車部品業界は熾烈な価格競争にさらされていて、ブラジルやインドなど低価格で製品を販売する生産国、いわゆるLCC（ローコストカントリー）並みのコストで生産できなければ生き残れなくなっている。そのためには、国内で生産するのはあきらめて海外に生産拠点を移すか、さもなくばなんらかの方法で人件費などの差を埋めるしかない。同社は、1個流し生産方式を確立させることで、大幅なコストダウンを実現させたのだ。しかし、なぜ1個流し生産だとコストを下げられるのか。

「簡単にいえば大がかりな機械や装置を必要としないからです。一人で作業するのに適したミニ設備があれば事足ります。しかも、当社では自分たちで機械を作ることが多いので、設備投資のコストを大幅に浮かせることができるわけです。また、大型の機械を導入するとそれを置くスペースがいるし、電気代もバカになりません。それらを節約できるのも大きい」

また、品質保証の点でも1個流し生産は適しているという。

「ライン生産方式だと何十、何百もある工程のほんの一つでも不具合が生じると、不良品が生まれます。だから、検査装置で検品するという工程が必要になります。しかし、1個流し生産の場合は、担当者がそれぞれの工程ごとに品物を作り込み、品質を保証します。ライン生産しないことが品質を保証することになるんです」

自動検査装置にはかなり高額なものが多い。それも購入する必要がないのだからコストダ

図 2-1★1個流し生産の現場写真

写真提供：武州工業株式会社。

ウンにも一役買っている。

2 「iPod touch」を製造ラインのセンサーに

同社の従業員数は約160人。その多くが、自ら責任をもって「1個流し生産」に当たっているが、一つ大きな課題がある。人によって生産性にバラツキがあることだ。林氏は「気が利く人と気が利かない人がいて、その差は大きい」と表現する。

その差を埋めるために、それぞれがスキルアップを目指せるような仕組みを設けているが、もう一つ取り組んでいるのがITとIoTの活用[★1]だ。例えばIT導入の例として、同社では全従業員がタブレットPCをもって仕事のツールとして使っているのだが、そこには業務に役立つ仕組みが備わっている。

まず、出社してログイン時に「体調がいい」「体調がよくない」など5段階に分かれているボタンを押して体調を申告する。すると、それが出社記録になる。つまりタブレットPCで出退勤管理を行っている。次いでこれは、その日の体調と仕事の成果の因果関係を調べる

★1—本書では、IoT活用はセンサー側とクラウド側の両方にまたがるCPSの活用を表し、IT活用はセンサー側を含まない情報処理システムの活用を表すとする。

ために取り入れた。まだ活用できていないが、「将来的にビッグデータとして使える可能性がある」と林氏は言う。

そうして自分が担当している1個流し生産のページに進む。ここには毎日さまざまな情報を打ち込むことになっている。進捗状況、材料や部品の在庫状態、トレーサビリティー（追跡可能性）、不良品の状況、品質管理に関することなど。

これらのデータはタブレットPCからネット上にあるクラウドサーバーに送信され、社員全員がインターネットから閲覧できるようになっている。もちろん、そこには過去の受注状況など会社全体のデータも集約されている。つまり「気が利く人」も「気が利かない人」も全員同じ情報を共有できる仕組みになっているわけだ。

「今、工場はどんな状況にあるのか、何が起こっているのか、すべて『見える化』されています。ですから、たとえ『気が利かない人』でも何かあったら、すぐに対処できるんです」（林氏）

ちなみにそれぞれの担当者がタブレットPCに毎日書き込んでいる棚卸しデータなどは、部品や材料を発注している協力会社にも毎日1回メールで送信している。協力会社にとってはいちいち連絡を受けずとも納品時期を察して対応することができるわけで、社内のデータをITで有機的につなぐことにより、発注・納品の効率化が進んだそうだ。

さらにＩｏＴ導入の例としてユニークな試みを取り入れている。各パイプ加工機にポータブルサイズのタブレットともいえる「iPod touch」を張り付けているのだ。「iPod touchは音楽や動画を再生する装置ですが、3軸センサーで動作を測定するという機能もあります。そこで、加工機の動く部分に張り付け、その動作回数、つまり作業スピードが速いと青色、遅いと赤色が表示されるようにしました。いわば作業のペースメーカーになっているんです」

ライン生産方式の場合は、ベルトコンベアの速度に合わせて作業すればいいが、1個流し生産だと自分でペースを決めることになる。しかし、経験の浅い従業員などはどの程度のスピードで作業すればいいかがわからない。そこで、ペースメーカーを用いることで、自分の速さと目標を「見える化」した。これも生産性のバラツキを解消するツールとして大いに役立っている。「生産性見え太くん」と名付けソフトウェア化した。

iPod touchが計測したデータ（加工機の動作回数）はクラウド上のサーバーに送られる。これによって、それぞれの工程がきちんと行われているか、どこかでボトルネックが発生していないかなどもすぐわかるようになっている。またiPod touchからの情報は、カードサイズのシングルボードコンピュータ「ラズベリーパイ」で収集できる仕組みも構築している。

3 IoTは低予算でも導入できる

「うちも工場をIoT化したいが、いかんせん資金的に余裕がない」

中小企業の経営者にはこう考えている人も多いだろうが、武州工業の取り組みをみると、資金面を理由に断念するのはもったいないように思える。というのも同社では決して大きな投資はしていない。前述した「ペースメーカー」もにわかには信じられないような金額で導入している。

「自分たちでiPod touchとラズベリーパイを買ってきて、取り付けました［図2-2］。iPod touchは中古だから1つ5000円くらい、ラズベリーパイも同じくらい。ケーブルや無線などすべてひっくるめても一式数万円程度です。IoTというと、技術的にも金額的にも敷居が高く感じられるかもしれませんが、そんなことはありません。当社のように自前で構築することもできるんです」

ただし、どんな企業でもマネができるかといったらそうではないだろう。武州工業の場合も、もともと林氏自身がITに対する造詣が深く、早くからIT化を推進していたという背景があった。そういう意味では、まずは経営者自身がITやIoT導入に関しての理解を深めることが先決だろう。

もちろん、外部のＩＴベンダーなどの力を借りる手もあるが、その場合留意してほしいことがあると林氏は話す。

「うちはＩＴ導入に際して他社に丸投げするようなことはほとんどないのですが、それは必ずしも資金面の理由だけではありません。ＩＴやＩｏＴのシステムを開発するときに最も大事なのは、どんな流れでどんなものを作っているのか、どんなトラブルが起きやすいのかなど、その業務のことをしっかり理解していることです。上っ面だけの理解では絶対にいいものはできません。事実、うちでは開発スタッフを採用することもあるのですが、その場合もまずは何年か現場で実務を経験してもらいます。そういう意味で外部の企業にお願いすると、どうしても不満なところが出

図 2-2 ★ iPod touch+ ラズベリーパイを取り付けた加工機

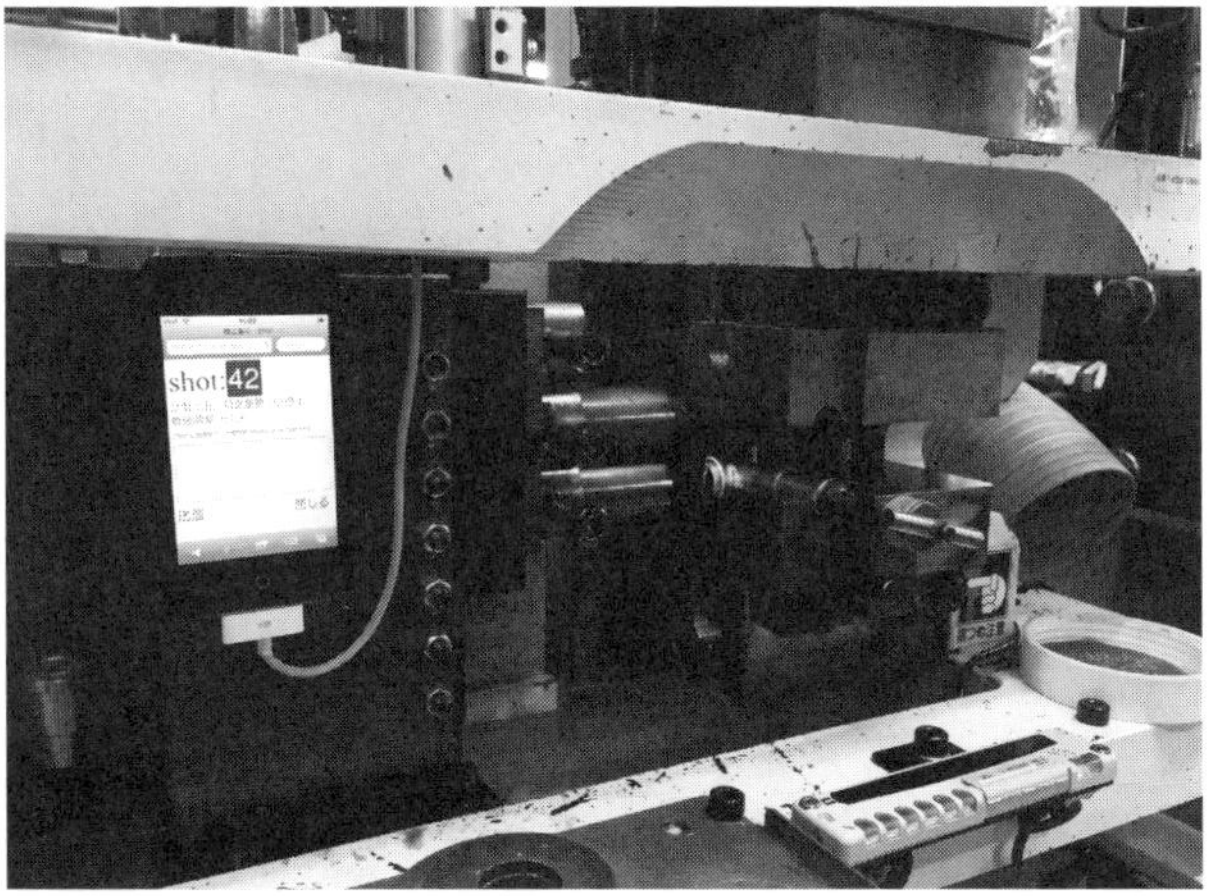

写真提供：武州工業株式会社。

てくるんです。ですから、ＩＴベンダーを使うときには任せきりにするのでなく、こちらもきちんと勉強し、しっかり意思疎通を図りながら開発を進めることが大事でしょう」

同社の取り組みは全国的に注目を集めていて、多くの製造業関係者が視察や見学に訪れている。一方で、林氏が講演会などに招かれることも多い。そうした中で、同社では自社で開発し用いている情報管理システムをクラウド化した「生産性見え太くん」と、Ｗｅｂベースで稼働する生産管理システム「ＢＩＭＭＳ」（武州インテリジェント・マニュファクチャリング・マネジメントシステム）の外販を進めている。もともと自社のノウハウを公開する気はなかったが、「このままでは日本のモノづくりがダメになってしまう」という危機意識からオープン化を決意したという。今後は、この「ＢＩＭＭＳ」の販売にも力を注ぐ方針だ。

4 成功の要は「明確な目的」と「リーダーシップ」

武州工業は、国内生産においてＬＣＣ価格を実現し、同時に労働者自身の体調などの情報を集め、働き方改革と安定した生産の両立を目指すというビジョンをもっている。さらに同社独自の生産手法として「１個流し」を実現し、併せてＢＩＭＭＳを開発するなど、創意工夫に富んだ社風が持ち味となっている。新技術を積極的に取り込み、シングルボードコンピュータ・ラズベリーパイを使って、作業の可視化ツールを自前で開発するところも大変ユニークだ。

さらに東京・多摩地域での企業間電子受発注・集荷・検収システムを運用するなど、企業間連携を実施している。

社長のリーダーシップ（明快なビジョン、ITリテラシー）と、自社で業務に使用する道具を手作りする風土がある。ただし、ITシステムを手作りしつつも、ラズベリーパイやiPod touchなど既存製品の活用をしっかり行うとともに、そのシステムを外販してコミュニティーを広げるなど、「エコシステム」についてもしっかり考え抜かれている点が困難を乗り越えたポイントである。

図 2-3★武州工業の製品

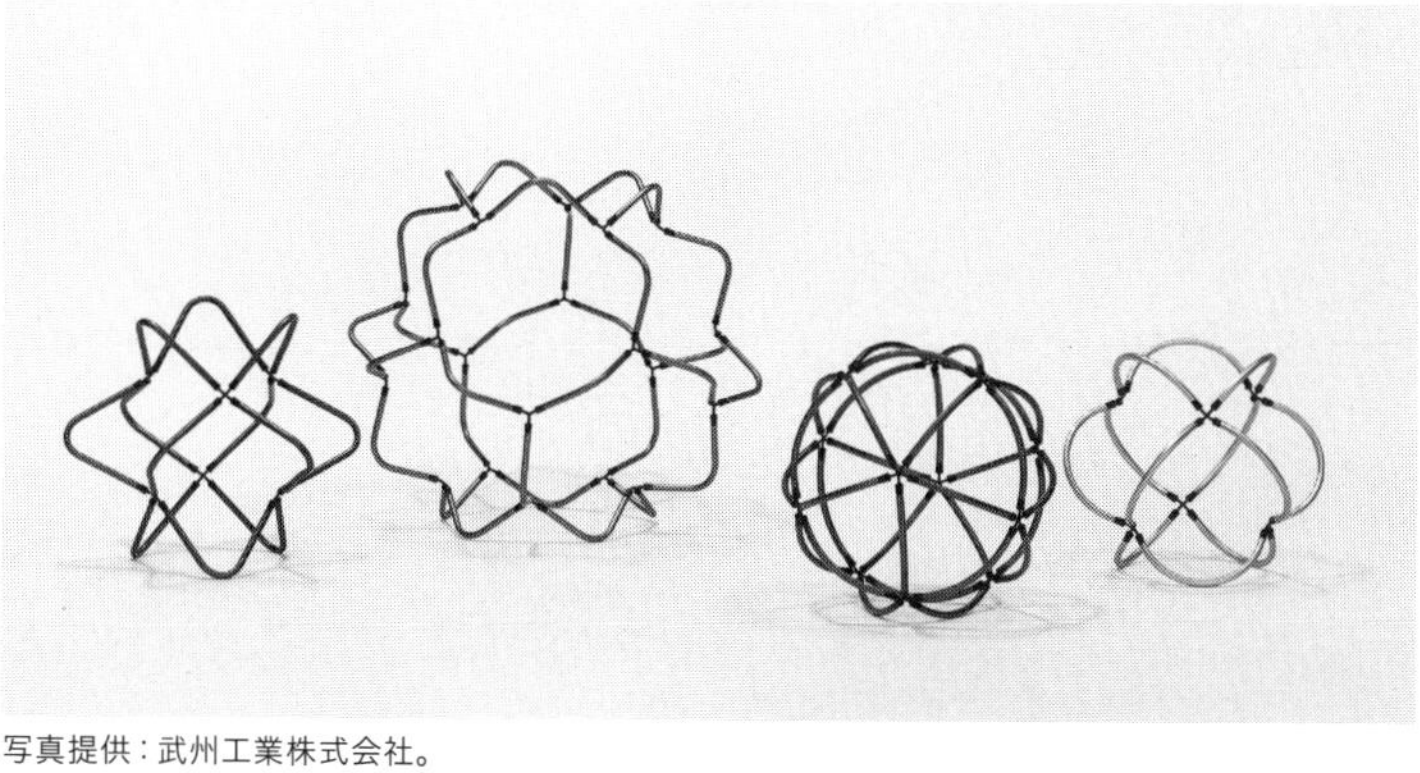

写真提供：武州工業株式会社。

ケース 4

町工場「三本の矢」の協業で第4次産業革命に立ち向かう

株式会社今野製作所
代表取締役社長・今野浩好氏に訊く

激変するビジネス環境を乗り切るために取った戦略は
「つながる」というポリシーの企業連携だった。
一般的なオープン＆クローズ戦略と異なるタイプの企業連携は、
日本のモノづくりの風景を一変させる端緒となるのではないだろうか。

1 リーマンショックから復活を果たせたオーダーメード型生産

2001年のIT不況で売り上げがダウンするもすぐに上向きに転じ、2007年には過去最高を達成。ところが、その翌年リーマンショックが起こり、前年度比43％減と急降下する。だが、そのときもそのまま転げ落ちることはなく、数年後、最盛期の水準へと復活を果たした――。そんな山あり谷ありの社歴をもつのが、東京足立区にある今野製作所だ。2003年に父である創業社長に代わって代表取締役に就任した今野浩好氏はこう振り返る。

「IT不況のときはさほど大きなダメージではなかったのですが、リーマンショックのときは主力製品の売り上げが激減し、深刻な事態に追い込まれました」

主力商品とは、油圧の力で重量物を運搬する「油圧爪つきジャッキ」のこと。同社は医療理化学機器を専門とする板金加工会社として1961年に創業されたが、その後、油圧爪つきジャッキの開発に着手。1976年に「イーグル」というブランド名で販売したところ、大型精密機械の輸送、据え付けから文化財の修復工事まで幅広い分野で用いられ、瞬く間に主力商品へと成長を遂げた。ところが、リーマンショック後、思うように売れなくなったのだ。

「最初は景気が戻れぱと考えていましたが、多少上向きになっても売れ行きは回復しませんでした。これはもう景気のせいにはできないと考えるようになりました」

そんな中、今野氏はある決断を下す。「油圧爪つきジャッキ」はさまざまな現場で使われるため、いろいろな仕様の製品を用意していたが、それでも「こんな機能を追加してほしい」「もっと許容荷重を増やしてほしい」といった声をよく耳にしていた。そこで、顧客の要望に応じて仕様策定、設計を行い、1台1台生産していく方法を導入する。つまり受注生産型（オーダーメード型）への転換を図るのだ。

その効果はすぐに現れ、2010年ごろから受注生産品は着実に実績を重ねた。その翌年、東日本大震災が発生して福島県にある工場が休止を強いられるが、それも全社員の努力で早期復旧を果たし、順調に売り上げを伸ばし続けた。

2 「見える化」×「情報共有化」

ただし、受注生産への切り替えは必ずしもスムーズだったわけではない。今野氏は言う。

「営業も開発も役割そのものがガラリと変わりました。例えば営業は、前は販売先を訪ねて商品を説明していればよかったわけですが、今度はお客さまの細かい要望を聞き、それを設計に伝えるという仕事になりました。以前にも増して技術的な知識が必要になったし、顧客の業務に関する理解も求められるようになりました。一方、設計や開発もお客さまのさまざまな要求に応えなければならないので、かなり負担が増えました」

　また、以前は設計部門のエンジニアなら設計だけ、営業担当者であれば営業の仕事をまっとうすればよかったが、受注生産になり、部門間で連携を取りながら業務にあたることが増えた。自分の担当だけでなく、ほかの部門がどんな状況にあるかも把握していなければならない。

　そうした変化にすぐに対応するのは容易ではなく、当初は混乱をきたした。営業が顧客の要望を設計に伝えようとしてもうまく伝わらない、顧客に図面を見せたら「まったく違

図 2-4★今野製作所（Webサイト）

う」と突き返されてやり直しを余儀なくされる、設計の意図が製造に伝わらず大きなロスを招く――。そうしたことがたびたび起こった。当時ちょうど世代交代の時期であり、入社して間もない若手社員が多かったことも混乱に拍車をかけた。

「それで業務プロセスを再構築する必要があると考えました。それぞれの業務を『見える化』し、全員が情報を共有する仕組みを作ることが先決ではないかと。そしてそのためにはＩＴの力を借りるしかないと思いました」

今野氏は若い頃、中小企業診断士の資格を取得し、勉強会などによく足を運んでいた。そこでまず、その人脈をたどって、業務改善の専門家にアドバイスを求めた。その上で各部門のマネージャーにどのような問題が起こっているかをヒアリングすると、さまざまな課題が浮かび上がった。業務の順序が悪いこと、本来やるべきことが抜け落ちていること、重複していること、ルールが統一されていないことなど。そこで、そのマネージャーたちと根本原因や解決策を検討し、新しい業務プロセスと業務ルールを設計。予算に限りがあったため、低価格な汎用的グループウェアおよび簡易データベースを利用し、新たな営業案件管理システムを構築したのだ。法政大学デザイン工学部システムデザイン学科の西岡靖之教授が開発した情報連携ツール「コンテキサー」（Contexer）も活用しており、これが次に述べる企業間の「つながる工場」にも生かされる。

「その結果、社内業務連携上の行き違いや煩雑さ、それにともなう繁忙感が著しく減少しました。各部門のマネージャーが新しい仕組みづくりに参加したことで全社的視点からマネジメントにあたるようになったこと、さらには彼らの刺激を受けた若手社員が成長したことも大きかったと思います」

目的が明確であれば、ツールを活用することで自社にフィットしたシステムを外部に頼らず作れる時代なのだ。

3 第4の産業革命を目指して

現在、同社では新たな取り組みを始めている。産業設備用治工具や医科学研究用機器・機材を製造する西川精機製作所（江戸川区）、精密板金加工を手掛けるエー・アイ・エス（江戸川区）とともに「東京町工場ものづくりのワ」プロジェクトを発足［図2-5］。町工場3社が手を組み、さまざまな試みに乗り出しているのだ。

「若手経営者の集まりで知り合い、お互いの会社の事情を話すうちに共通点が多いことがわかりました。3社ともベテランの技術者が会社を去り、若手を採用していた時期で、どのように育成するかという悩みを抱えていました。それで、一緒に人材育成をやろうと話したのがきっかけです」

現在は共同でモノづくりを行うことを視野に入れている。

「3社とも金属を加工してモノづくりを行っているわけですが、得意分野は微妙に異なります。また、従業員の技術分野も違うし、所有している設備も違います。したがって、3社が協力し合えば、1社単独ではとても作れないようなものが作れる可能性があります」

実際には3社で共同受注するというよりも、どこか1社が受注し、自社にできない部分などを他の2社に依頼するということになるだろう。というと単に外注するだけのように思えるが、今野氏が抱くイメージは少し違う。

普通、外注というと溶接など全工程の一部を外に出す工程外注、または製作すべき部品をそっくり依頼する部品外注のいずれかであ

図 2-5 ★「東京町工場ものづくりのワ」打ち合わせ風景(同プロジェクトWebサイトより)

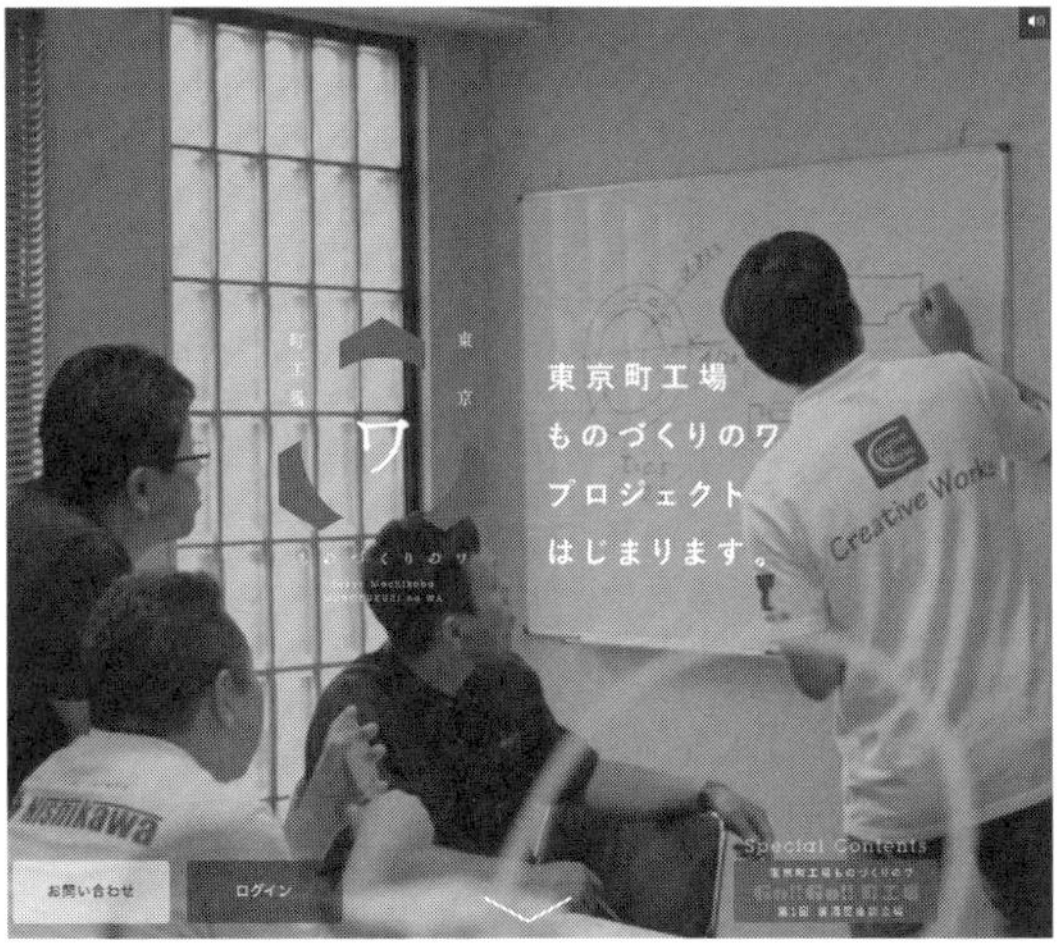

る。その形態自体は変わらないのだが、３人の社長が重要だと考えたのは、むしろ受注の前段階、すなわち顧客からの引き合いの時点から、「どう作るか、どう分担するか」を密に相談することだった。技術的な優位性や、負荷状況の理由から全体として最適なところで生産する。その意思決定が柔軟かつスピーディーにできれば、大きなアドバンテージになるだろう。そうなったときには、「外注」ではなく「水平連携」といえるのではないか。

4 共通プラットフォームの構築へ

しかし、これを実現するには一つ壁があった。そもそも3社はたまたま出会っただけで、業務プロセスにしても業務ルールにしてもバラバラだった。もちろん工場もすぐに近くにあるわけではない。「柔軟、かつスピーディー」にやりとりできる環境ではなかったのだ。

そこで3社は新たな業務システムの構築に着手する。今野製作所がリーマンショック後に導入した中小企業のためのＩＴ構築プラットフォームを活用して、３社が一緒になって「町工場の身の丈に合った」業務システムを開発するプロジェクトに取り組んだ。

構築したシステムは、①引き合い案件共有システム、②見積もりシステム、③生産管理システムの３種類。まず、引き合い案件共有システムでは、顧客からの要求情報を整理して共有。それを見ながら各社の担当者が最適な作り方のディスカッションをする。その結果を踏まえて②見積もりシステムで担当部分の見積もり検討を行い、受注後は、③生産管理システムが仕事を進捗させていく。

生産管理システムは、受注から購買、作業指示と工程進捗管理、出荷まで一連の業務を対象としている。同業とはいえ仕事の進め方や管理項目が少しずつ異なる3社の仕組みは、自社の実情に合わせて画面遷移や独自のデータ項目をもっているが、実は主要なデータ項目は90%以上共通化されており、このことが、企業を超えたデータ連携を可能にしている。自社の実情に合わせたシステムでありながら、データが共通化していることで、他社とのデータ連携が容易になっている。

「3社のシステムはそれぞれ自社用の独自システムですが、受発注情報、工程進捗情報など連携させたいデータを入れる共通の箱（データベース）を別に設け、連携した案件についてだけ自社のデータベースと並行して読み書きする仕掛けにしてあります」

3社（3社中2社が組む場合もある）が関わる案件の受発注は、システム間でデータが受け渡しされ、そこにひもづいた工程進捗情報がお互いの生産管理画面で見えるようになった。

「例えば当社がどちらかの会社に外注する場合、その案件に関する双方の日程計画と、現場での着手、完了情報が現場同士でリアルタイムに共有されます。つまり、今、どこまで進行していて、この先どんな見通しなのかが一目でわかります。進捗状況が気になって電話したら担当者が不在で、事務担当者に探してもらったといった経験は誰しもあると思うのですが、そういう無駄をすべて省くことができるわけです」

自社だけでなく外注先の状況もリアルタイムでわかるため、顧客からの問い合わせにも瞬時に対応できる。また、進捗状況に合わせて生産計画を変更するなど柔軟に対応できるメリットもあるわけだ。

同社は26ページのコラムで紹介したＩＶＩにも参画している［図2-6］。これはＩoＴを活用して各企業の生産工場をつなげ、新しいモノづくりに臨むというもので、トヨタ自動車やパナソニック、日立製作所など大手メーカーが数多く参加している。そのなかで同社は、従業員三十数人の中小企業でありながら幹事企業（今野氏は理事）を務めている。

図2-6★ＩＶＩ（Webサイトより）

今野氏は言う。

「日本がドイツに倣って『第4の産業革命』を目指すなら、大企業だけの力では難しいでしょう。日本のモノづくりを支えてきた中小企業も一緒になって取り組む必要があります。そういう意味でもまずは『東京町工場ものづくりのワ』プロジェクトを成功させたい。私たちが実績を残せば、日本中にこの動きが広がるはずですから」

たくさんの町工場がつながり、それが大きなパワーとなって、日本のモノづくりをけん引する――。今野氏の脳裏にはそんなイメージが描かれているようだ。

5 「つながる工場」を実現したリーダーシップと、ツール・プラットフォームの重要性

リーマンショックで売り上げが落ち込み、ベテランの引退で現場が混乱した際に、何が課題でどうするかをまず明確にしたところが重要だ。そこから業務可視化・改革に着手し、必要なITシステム（生産・受注・在庫管理）を手作りで開発した。さらにそのシステムを活用し、町工場3社で「つながる工場」を実現している。

「東京町工場ものづくりのワ」プロジェクトでは、個々の企業は自社の得意な分野で案件を解決するための3社連携を行うという形をとっている。つまり個々の企業の強み（コア

リソース）を生かして、他社のリソースを活用する意味で、オープン＆クローズ戦略であり、中堅・中小企業が「つながる工場」という形で受発注と生産管理システムを連携させているのは注目に値する。

このような施策を打ち出している今野製作所は今野社長のリーダーシップ（マインド、ネットワーク力、ＩＴリテラシー）と、課題とＩｏＴ導入の目的が明確だったことが成功した第１の要因だろう。そして第２の要因として利用できるツールやプラットフォームを最大限活用した手作りＩＴシステムがポイントである。今野製作所のケースはモノづくりの連携にもさまざまなアプローチがあることを示す好例である。

ケース 5

石川県の中堅・中小企業での先進事例

先進的な IoT への取り組みとして、3つの事例を紹介

第 4 次産業革命による影響は、
地域や産業分野に関係なく現れている。
そしてその影響をプラスに転換することが
ビジネスチャンスと捉えている企業が
規模の大小に関係なく存在している。
ここでは、北陸先端大のある石川県の
中堅・中小企業の IoT 化への動きについて、
同大と交流のある企業から 3 社を抜粋して紹介する。

1 アメーバ経営とIT・IoEで顧客対応を迅速化——光栄（石川県能美市）

北陸先端大の近くの工業団地にある株式会社光栄は、創業1982年の建設機械および輸送機械などの板金部品のサプライヤー。従業員は30名（2017年12月時点）で、坂本典昌氏は2代目社長である。

稲盛和夫氏のアメーバ経営[★1]を実践するためには経営の可視化が不可欠であり、坂本社長自らIoE[★2]による品質管理、原価管理、実績管理システムを長年開発し、日次決算、部門別採算を実現した。可視化により顧客（完成品メーカー）の要求にも迅速に回答できるようになり、会社の競争力の高さになっている。顧客の工場と情報システムで直接つながっているわけではないが、人間を介して「つながる工場」を実現していると考えることもできる。経営・生産情報を従業員全員で共有し、小集団（タテ）と委員会活動（ヨコ）で改善を行う「全員参加経営」を実践している。その実績が認められ2016年に日本科学技術連盟の「日本品質奨励賞TQM奨励賞」を受賞し、経済産業省の「攻めのIT経営中小企業百選2016」にも選ばれた。ITやIoEありきでなく、自らの経営課題を解決し理想とする経営ビジョンを実現するためにITやIoEを市販のパッケージソフトを活用して自ら手作りで開発し、ビジョンと現場のギャップを埋める全員経営の教育・人材育成を行っている。すなわち、経営ビジョン（アメーバ経営）と改善活動（TQM：Total Quality Management）とＩＴ・ＩｏＥの３つの要素が坂本社長のリーダーシップでうまく回っている点がポイントである。

★1―「アメーバ経営」は、京セラ名誉会長の稲盛和夫氏が企業経営の実体験から作り上げた経営手法で、企業の運営単位を6～7人の集団（アメーバ）として編成し、各アメーバごとに時間当たりの採算の最大化を図るもの。この経営手法は京セラやＫＤＤＩ、日本航空などが採用している。

★2―ＩｏＥは、Internet of Everything。光栄では、データの入力は主に人間であり、ＩｏＥに分類できる。

図 2-7 ★光栄　IoE による経営可視化で実現するアメーバ経営

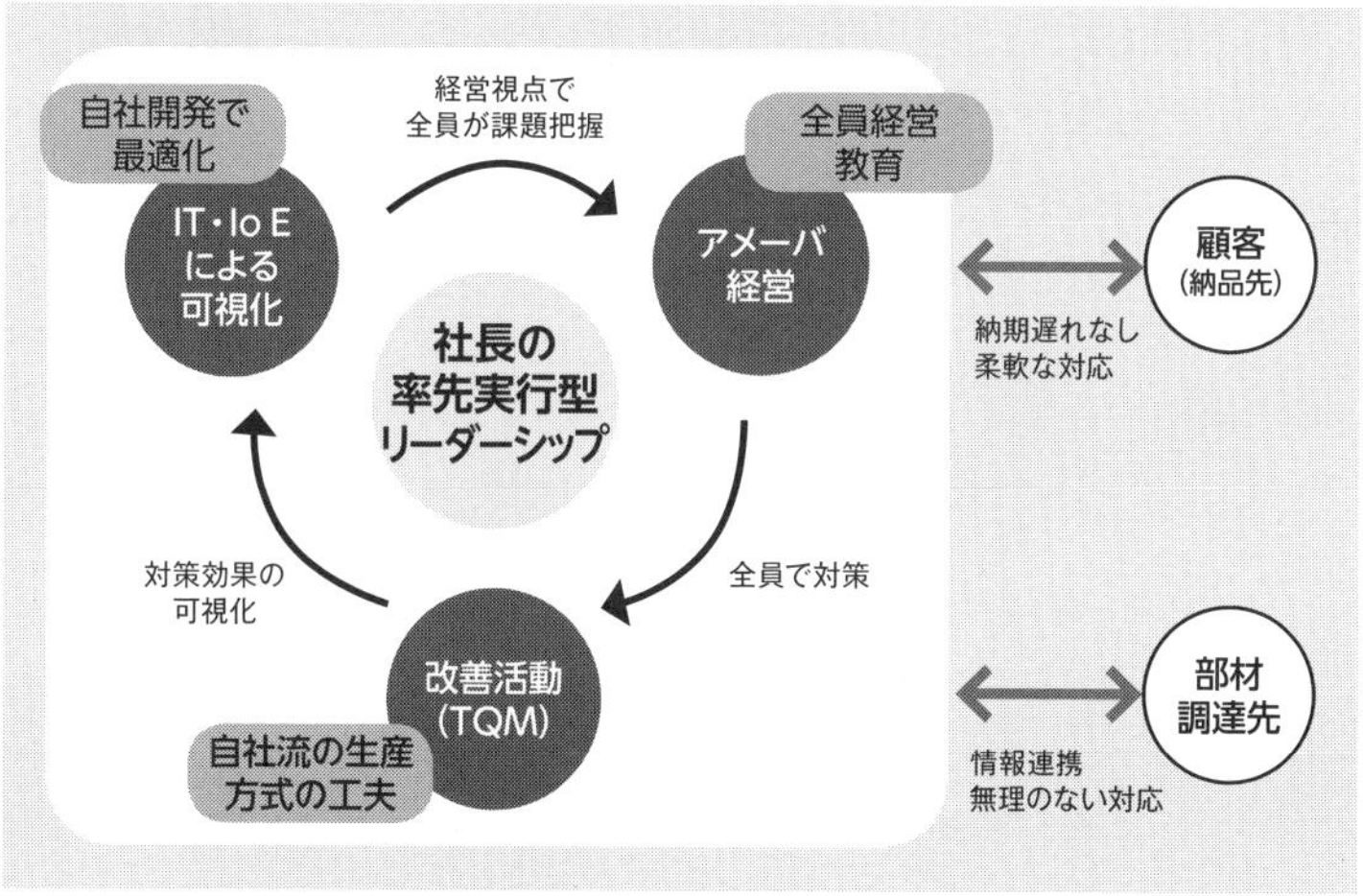

2 超少量・超多品種生産で究極のトレーサビリティーを実現——小林製作所（石川県白山市）

石川県白山市の株式会社小林製作所は、精密板金・組立・塗装・提案型設計を行う会社で、従業員は115名（2017年10月1日時点）。

この会社は、超少量・超多品種生産（2万種／月、1ロット当たり平均6個）をIT・IoTの活用により実現している。驚くのは受注・伝票発行などの事務作業から各種加工、検査、出荷までのすべての工程をカメラ画像と人間の各種入力情報をひもづけてデータベースに保存し、指定したロットの生産プロセスを可視化できるシステムを構築し、「究極のトレーサビリティー（追跡可能性）」を実現している点である。異なるメーカーの製造設備を「データ」で統合するのは難しいが、各工程の作業の「画像」を人間の入力情報とひもづけして統合することはできる。このシステムは、品質管理だけでなく、過去の作業の画像を切り取ってマニュアル化することで、超少量・超多品種生産に必要な「段取り」ノウハウの知識継承に効果をあげている。

2012年には中小企業IT経営力大賞で最高賞の経済産業大臣賞を受賞している。

このシステムを開発したのは3代目社長の小林靖典氏だ。大学時代からITが好きで、父親の会社の事務業務の計算機化をやっていたとのこと。第４次産業革命のような変革期には、現場とソフトウェア開発の両方を知る経営者が、自ら試行錯誤で最適なシステムをつくるのがよい。そして、中途半端でなく究極のトレーサビリティーを実現することで成果を出し、現場も効果を実感することで、最初は抵抗感があった現場の認識も変わってくるとのこと。現在、自社で効果を実証したカイゼンカメラシステム「Ｓｏｐａｋ-Ｃ」「ＳｏｐａｋＮｏｔｅ」の外販も行っており、納入実績も増えてきている。

図 2-8 ★小林製作所（Web サイトより）

3 IoTであらゆるセンサー・機械をつなぎ、「工場の見える化」を支援――別川製作所（石川県白山市）

株式会社別川製作所は、配電盤、分電盤、制御盤、各種監視システムのメーカーで、この業界では技術力に定評のある従業員480名（2018年4月1日時点）の中堅企業。

そもそも制御・監視システムは、モノからセンサーでデータを収集し可視化するシステムであり、「IoT」という言葉が登場するはるか昔から「FA」[★3]や「工場の見える化」として「IoT」的な事業に取り組んできた。

別川製作所はセンサーや製造機械メーカーではないので、どんなセンサー・機械でもつないで可視化する「ハブ」としての強みがある。近年は、Web対応施設運用支援システム「イー・マイスター」（e'Meister）を商品化している。

また、IoEとして人間の入力作業を簡単化する「らくらく点検」も開発した。最近は、全社プロジェクトとして、自社工場のIoT化と自社製品のIoT化を両輪で回す「工場まるごと製品化」に取り組んでいる。別川製作所は、自律性を重んじる企業風土があり、このIoTの全社プロジェクトも、幹部育成研修で中堅メンバーから提案されたものがベースになっている。全社プロジェクトを進める中で、いかに自社工場の関連部門を巻き込んでいくかがポイントであり、ＩｏＴ導入企業の共通の課題でもある。もともと可視化は得意で商品化が進んでいるが、今後はＡＩ技術などを活用した分析に注力していくとのことである。

これは、自社工場のＩｏＴ化を推進し、生産効率や品質の改善を行うとともに、そこで蓄積された技術やノウハウを、顧客向けのＩｏＴ製品に生かす部門横断の取り組みであり、特に製造部門と商品開発・営業部門間の連携が企業成長のカギとなるだろう。

★3―Factory Automation（ファクトリー・オートメーション）。工場の生産工程を自動化するシステムのこと。

図 2-9 ★別川製作所（Web サイトより）

【まとめ】

IoTイノベーションは中堅・中小企業のビジネスチャンス

1 なぜIoT化がビジネスチャンスなのか

本章のケースでは、主に中小企業の先進的な取り組みをみてきた。これらの中小企業がIoT化で成果を出しているのにはいくつか共通点があるように思われる。

まず第1は、IoTありきではなく、解決すべき課題や目指すべきビジョンが明確にあり、そのための道具としてIoTを導入していることだ。外部のITベンダーに丸投げするのではなく、現場を最もよく知る自分たちで試行錯誤しながら、システムを開発している。よくある失敗例は、課題と目的が明確になっていないまま、「とりあえずIoT化」をと、お試しでIoT化プロジェクトを実施するような場合だ。そのような例では、導入効果を説明できず、プロジェクトを前に進めることができない。

昔であればIT・IoTベンダーに頼らず中小企業が自社でシステム開発するのは難しかったであろう。しかし現在は、さまざまなIT・IoTのツールやクラウドのプラットフォームが容易かつ安価に利用できる環境が整っている。IT・IoT化の対象現場をもつ企業が、試行錯誤しながらも主体的に最適なシステムを構築することが可能になっている。

そこで次に重要となるのが、経営幹部のITへの深い理解と強いリーダーシップである。

中途半端なやり方でなく、徹底してIT・IoT化を進め、目に見える成果を出すことで現場や関係部門をプロジェクトに巻き込むことも重要だ。

ここで紹介した武州工業、今野製作所、光栄、小林製作所は、社長自ら先頭に立ち、少人数でシステムを開発しており、それが成功のパターンのようにみえる。社長でなくてもトップから託された中堅メンバーがプロジェクトを推進する別川製作所の例もある。序章で述べたようにIoT時代には他社を圧倒する「進化のスピード」が競争力を生む。経営幹部のITへの深い理解と強いリーダーシップを有する中堅・中小企業こそ、組織が大きく動かしにくい大企業では成しえない「進化のスピード」を達成できるのではないだろうか。

また、外部の企業を利用するだけでなく、自社で成功したシステムをプラットフォームとして他社にも展開することで、「ビジネスエコシステム」の「キーストーン」(要石)になることも可能である。まさに、IoTイノベーションは、中堅・中小企業にとって最高のビジネスチャンスとなる。

2 チャンスを生かし困難を乗り越えるために考えるべきこと

IoTイノベーションには多くの困難や阻害要因があり、誰でも先進事例のように実現できるわけではない。序章で述べたように、IoTイノベーションの実現には主に4つの課題(困難)があった。**a技術面の課題、b市場・顧客面の課題、c事業・エコシステム面の課題、d組織面の課題**である。

本章で紹介した先進事例はこれらの課題をどのように克服したか。

a技術面の課題やc事業・エコシステム面の課題は、便利で安価なツールを利用して自ら最適なシステムを開発することで解消している。b市場・顧客面の課題は、自社の現場が市場であり顧客であるため中小企業にとっては大きな問題ではない。経営トップの強いリーダーシップでd組織面の課題はクリアしている。

では、こうした成功事例ではなく、今まさに悩んでいる中堅・中小企業はどうすればよいのだろうか。中小企業が、チャンスを生かし困難を乗り越えるために考えるべきポイントは次の4点である。

①IoTイノベーションにおける顧客価値を特定する(市場・顧客面の課題に対応)。
②製造業サービス化における、データと価値の関係を明確にする(技術面の課題に対応)。
③エコシステムにおけるオープン&クローズ戦略を策定する(事業・エコシステム面の課題に対応)。
④IoTイノベーションを実現するプロジェクトのリスクを明らかにし、リスクマネジメントを行う(組織面の課題に対応)。

以下の章で、これらのことを実際のケースを紹介しながら、さらに説明していきたい。

第2章 Chapter

point

- IoTの導入は、自ら考え、既成のツールを利用すれば、低予算でも可能
- 共通プラットフォームの活用で「町工場」がつながり大きなパワーになる
- IoTイノベーションは、中小企業にこそ大きなビジネスチャンスがある

第3章 Chapter

IoTイノベーションで製造業のサービス化が加速する

キーワード
モノビス
顧客接点拡大モデル
知識処理

製造業のサービス産業化、そして反対にサービス産業の製造業化という現象が近年、多くの産業分野で目立つようになってきた。前者の例としてはアップルが、後者の例としてアマゾンなどが代表的といえるだろう。いずれも従来の守備範囲から踏み出し、顧客に提供するサービスの内容を大きく変化させることで付加価値を高める戦略をとっている。私はモノとサービスを併せて提供するこの仕組みを「モノビス化」と呼んでいる。なぜ、今、モノビスが求められているのか、イノベーションとの関わりはどうなっているかについて本章で解説していく。

ケース 6

「ConSite」にみる製造業のサービス化＝モノビス化実行のプロセス

日立建機株式会社
カスタマーサポート事業部長・濵町好也氏に訊く

「製造業のモノビス化」に関連して、
日立建機株式会社（以下、日立建機）のケースを紹介する。
日立建機は、ITを活用した次世代サービスソリューション「ConSite（コンサイト）」で、
従来扱ってきたダンプカーやショベルカーといった建設機械の IoT 化を進め、
顧客への付加価値を高めようとしている。
日立建機カスタマーサポート事業部長の濵町好也氏が、
開発当初からの流れを語ってくれた。

1 IoT化の目的は「顧客の満足」

現在、建設機械業界はＩｏＴ化が進んでいる分野という印象が強く、稼働状況をリアルタイムで把握し、使用時間から部品交換を予測してあらかじめ部品を取り寄せておくなど、大手各社が提供するさまざまなサービスが、建設機械の日々の安定した稼働とパフォーマンスの発揮を支えている。

「モノ」である建設機械と、それを支えるバックヤードとしての「サービス」を組み合わせた製品として、まさに序章で紹介した「モノビス化」の典型例といえるだろう。

だが、このようなサービスが一つの形になるまでは、各社ともさまざまな試行錯誤の連続だった。

例えば今回紹介する日立建機もその1社だ。日立建機は２０００年より、顧客向けサービス「グローバルｅサービス」として建設機械の車体に通信ユニットを搭載し、人工衛星でデータ通信を行うことを試みていた。さらにそこから吸い上げた建設機械の稼働情報や顧客が携帯電話から送る日報、さらにクレーム処理の方法や事故情報などのデータを、すべてまとめて見られるＷｅｂサイトを立ち上げていた。

だが、まだ改善の余地は大きかった。

まず、グローバルｅサービスは建設機械購入時のオプション扱いであり、オプションを購入するのはこのようなデータの価値に気がついた一部の顧客だけだった。

さらに使い勝手にも見直しの余地があった。顧客が自らデータベースにアクセスしてデータを取得しなければならず、誰にでも気軽に使えるというものではなかったのだ。

日立建機のカスタマーサポート事業部長、濵町好也氏は、当時のグローバルｅサービスの課題について「ＩＴスキル、情報の要約能力（サマリースキル）、このようなデータ取り扱いに対する高いモチベーション、コミュニケーションスキルの４つがそろった人でないと活用できなかった。当時活用していたのは顧客というよりむしろ当社側の人間が多く、例えば工場の設計者や、販売代理店の中で価値に気づいた人が使っていた。そこから顧客など外部に展開して、ビジネスにつなげていくためには、グローバルｅサービスでは限界があった」と話す。

しかも日立建機が抱える悩みもあった。グローバルｅサービス稼働中に同社が行った試算によると、顧客が建設機械を買ってからスクラップになるまでの間に、日立建機の交換部品を使い続ける率というのは15％にすぎなかったという。つまり、ほとんどの顧客が、交換部品を他社から買っていたのである。日立建機の側でも、交換部品の在庫が切れていて提供できず、他社に注文が流れるということがしばしば起きていたという。

このように顧客のニーズと日立建機としての問題解決、そして技術的なバックグラウンドなどがそろった段階で開発され、登場したのがＣｏｎＳｉｔｅ（以下、コンサイト）だ。

世間でＩＴへの関心が高まる中、ヒト・モノ・カネの投資を増やし、しっかりとしたサービスを提供していこうと、コンサイト活用推進部が組織された。ここで「売る商品」として掲げたのが、建設機械だけでなく、顧客の困りごとを解決するソリューションサービスである。例えば、先進国を中心に、建設機械のオーナーは燃料消費量や排出ガスの低減を求めている。建設機械の稼働状況が一目で把握でき、かつ電子制御、油圧制御、機械制御といった制御システムを搭載すれば、燃費や排出ガスの「ムダ取り」につながるはずである。

そしてコンサイトは日立建機が抱えていた問題、すなわち部品の安定供給による自社部品の売り上げ拡大をも実現させた。コンサイトによる建設機械の稼働状況の把握は、「どの交換部品がそろそろライフサイクルを終えるか」を見える化してくれるので、その時期に合わせて在庫を準備し、セールスするため、交換部品の売り上げを伸ばすポテンシャルも大きかった。さらに顧客が保有する建設機械への部品切れをなくすことで、安定した稼働率を顧客に提供できるようになり、顧客満足度も大きく向上させた。

コンサイトの開発で何より重視されたのは、「顧客の満足」であったと濵町氏は言う。顧客が求めているサービスをＩＴで実現することによって、建設機械というモノ以外からの収入を増やす。まさに、「モノビス」の可能性を追求するプロジェクトが、コンサイトの開発であった。

2 データレポートを顧客に直送、新しい「見える化」のステージへ

コンサイトは２０１３年10月に国内向け、２０１４年4月に海外向けの販売を開始した。その際、「カスタマイズパーツ」「長期保証」「メンテナンス契約」「データレポートサービス」「チューニングサービス」という5つのサービスをセットにし、コンサイトのサービスとして販売した。

5つのサービスの中でも特に、新しい試みとして力を入れたのが、「データレポートサービス」である［図3-1］。これは、グローバルeサービスの課題であった「データベースに情報を取りにいくような、スキルとモチベーションがある人しか使わない」ことを解消するために開発された。データレポートサービスでは、顧客が自ら情報を取りにいくのではなく、日立建機からメールで情報が送られる。具体的には、「定期レポート」と「緊急レポート」の2種類が、販売代理店と顧客である建機オーナーに届く［図3-2］。

「定期レポート」とは、稼働状況の見える化である。月に一度、カレンダー形式で先月の機械の稼働状況、稼働時間、燃料消費量などが示される。さらに、「ＥＣＯ《エコ》運転レポート」

として、平均燃料消費量や前月との比較、近隣地域での平均値と比較した「A～D判定」の評価が出るため、顧客側に改善へのモチベーションをもたせ、社内啓発を促す効果がある。稼働状況を把握することで、機械の整備計画を立てやすくなり、適切な維持管理に役立てることもできる。

一方、「緊急レポート」とは、マシンダウン（建設機械の故障）に直結するような、緊急性の高い事態が機械に起きたときにアラームを送る仕組みである。これはグローバルeサービスの時代から研究され、すでに

図 3-1 ★ ConSite のサービス概念図（日立建機 Web サイトより）

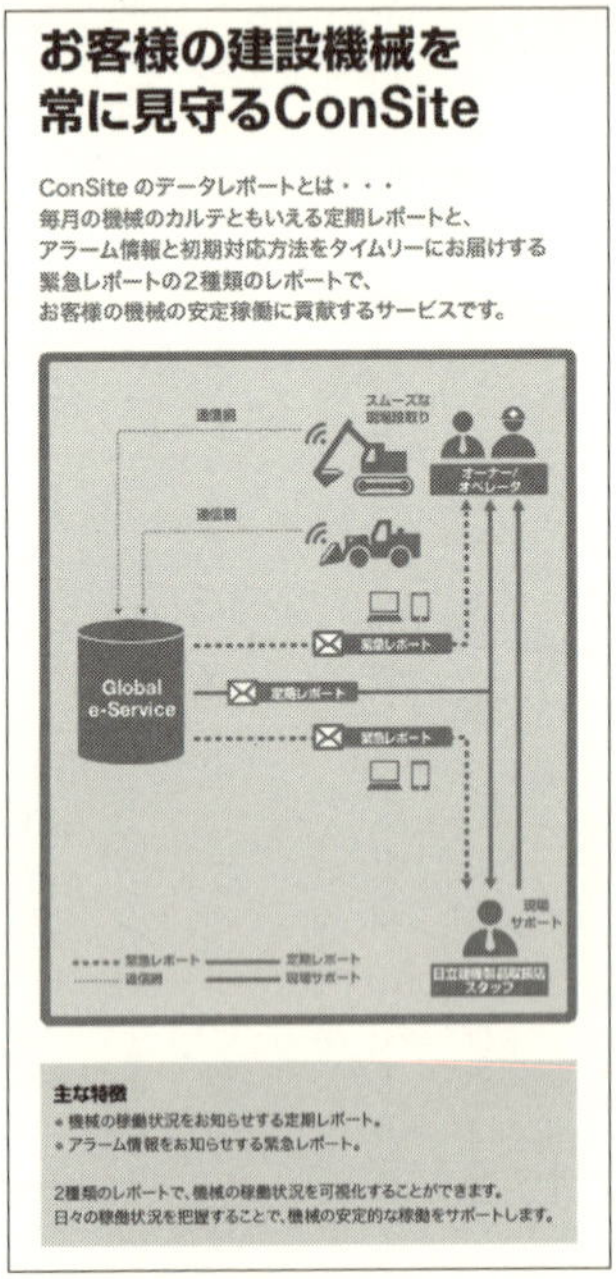

２００６年以降は建機に搭載されていた。しかし、アラームの精度が低く、誤報が数多く届き、顧客からの信頼が低かった。そこでコンサイトでは、データサイエンス★1を活用し、「インテリジェントフィルター」を導入して精度を上げた。インテリジェントフィルターでは、日立建機が２０００年から蓄積し続けてきた過去の膨大なデータをもとに導き出した故障診断ロジックと、そのときに起きた異常事態を組み合わせて、緊急度を判断することができる。この技術

★1――統計学やコンピュータを利用したデータ分析手法などを駆使して、取得した膨大なデータを構造化しながら整理し、データがもっている市場戦略などに必要な情報を探し出すため解析する手法。

図 3-2 ★ ConSite のデータレポートサービス（日立建機 Web サイトより）

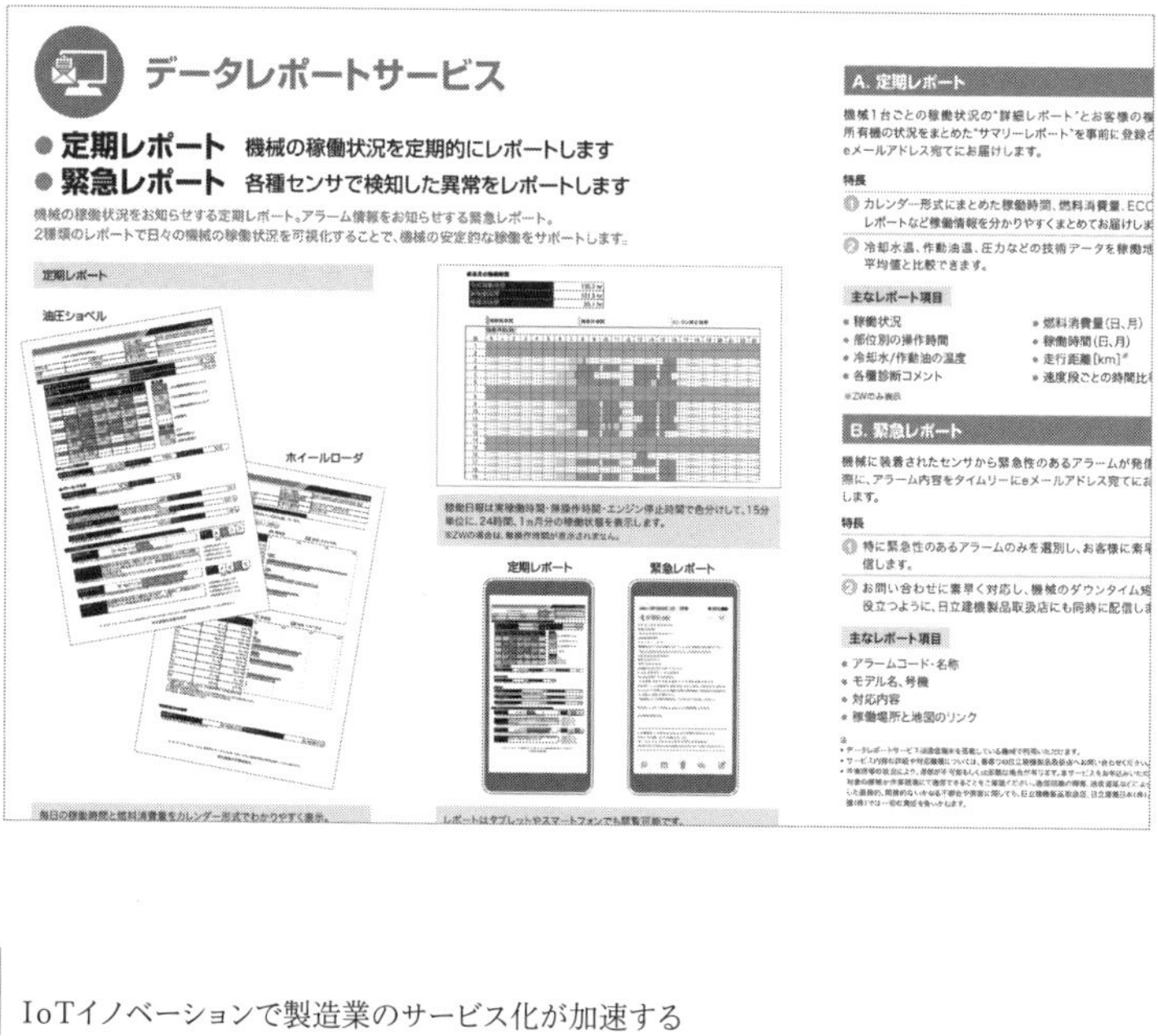

の導入によって故障診断の正確性が著しく上がり、2013年に国内で実施した機械での検証結果は、36台の警報のうち、不正確な診断は0台だったという。このエピソードからデータを継続して蓄積し続けることが大きな価値につながることがわかる。

さらに、緊急レポートの「使い方」にも工夫がみられる。故障診断の精度が上がったため、日立建機の側で、どの程度緊急なのかのレベルがわかるようになった。そこで、すぐにマシンダウンを伴う緊急度の高いアラームは、顧客と販売代理店の両方に通知する。それ以外の緊急度の低いアラームは、販売代理店にのみ通知し、顧客には通知しないでおき、その後、販売代理店のスタッフが巡回サービスのときに顧客に情報を伝え、必要な部品を勧めるなど、販促活動につなげてもらう。もちろん、誰に通知するかという「判断」も、コンピュータによって自動的に行われる。

3 高水準マニュアルを整備、マシンダウンに世界のどの国でも同じ対応を実現

インテリジェントフィルターを採用したコンサイトのおかげで、日立建機では顧客でのマシンダウンがいつ、どのような状態で起きているかをかなり正確に把握できるようになった。次に大切なのは、素早く、的確な修理への対応である。

日立建機はコンサイトの販売に先駆けて、かなりのコストをかけて修理のためのインストラクション（やり方の指示書）を整備している。日立建機の顧客は世界各国に所在し、そのメンテナンスは各国の現地代理店が行う。代理店の技術レベルは一定しないため、インストラクションの整備が稼働率に直結してくることになる。日本語から各国語に翻訳されたインストラクションを見れば、一目で故障の状況がわかり、機種に即した対応を実行できる。このインストラクションがあれば、入社2～3年目の社員でもベテラン社員並みの対応が可能になるという。緊急レポートサービスが発生したら、販売店は顧客に電話するか、必要なら現場にかけつけて対応する。その際、経験の浅いスタッフでも使えるインストラクションのおかげでサービスが均質化され、故障に対してスピーディーな解決策をとることができるようになった。これは顧客満足度の向上に大きく寄与していると思われる。

２０１８年3月末時点で、コンサイトの契約数は国内外で8万台を超え、サービス提供可能な台数全体に対してその普及率は52％となっている。現在は稼働状況の把握から、さらに研究を進め、故障の予兆診断や寿命予測の精度向上に挑戦している。コンサイトの契約を結んだ顧客からは、サービスや交換部品の受注が増えており、満足度はかなり高いという。国内や先進国からの受注のみならず、中東や中国をはじめとするアジア新興国での導入も始まっている。

ちなみに、コンサイトの開発は、社内のさまざまな部門が連携して進められたという。開発揮は本社ではなく、工場のある茨城県土浦市に駐在して、エンジニアリングと近い距離で話し合いが行われた。なかでも、「情報戦略室」と「ライフサイクルサポート推進室」が設置され、工場にいる設計者たちとコンセプトを相談しながら開発を進めていったことが、効果的だったという。何より、社長をはじめとする経営陣がコンサイトの重要性に気づき、ヒト・モノ・カネが不足しないよう予算を充てて開発をしっかりバックアップしたことが、会社全体を一つの方向に向かわせる推進力となった。ITの目的を、建機を使う顧客の満足度向上とはっきりと定め、社内の目線を一致させ思い切った投資を実行したことが、日立建機の「モノビス化」がうまくいった要因だろう。

4 モノビス化と顧客志向で大きく変わった日立建機

日立建機の第1の成功要因は、「モノビス化」による顧客価値の創造を念頭に、ITを活用した次世代サービスソリューション「コンサイト」を構築した点にある。元々他社に先駆けて、IoTという概念が生まれる前の2000年からモニタリングサービスを提供していたが、その段階では顧客志向の意図が不十分だった。そこで改良を加えたコンサイトでは顧客志向を徹底し、顧客との直接のチャネルである世界中の代理店を支援する「故障診断マニュアル」の作り込みを徹底させた。これが「課題とＩｏＴ導入の目標と提供価値が明確である」ということになり、成功につながった。

第２の成功要因は、サービスを途中であきらめずに長年にわたって継続したことで、十分なデータを蓄積できた点である。データの継続的な蓄積は大変重要で、その蓄積されたデータの分析によって「インテリジェントフィルター」が実現でき、日立建機の競争力になっている。

第３の成功要因は、社内の連携強化のための組織改編を実施した点である。製造業のサービス化においては、「変化に対する抵抗」「組織間の連携不足」「スピード性などの不足」などの組織面の困難が大きい。「モノビス化」に適した組織改編が必須である。本書第５章でも述べるがこれは製造業でＩｏＴイノベーションを起こすマネジメントが特に意識すべきことである。

ケース 7

モノビス化成功企業の取り組み

日米先進事例から

前のケースでは IoT を駆使してモノビス化に成功した日立建機を紹介した。
「モノビス化」の動きはオフィス複合機メーカーや塗料メーカー、
さらにデジタル AV 機器メーカーなどさまざまな分野で、
多種多彩なパターンで進んでいる。
多くのケースの中から典型的な企業のケース 3 つを紹介する。

1 ドキュメント・アウトソーシング・サービスで出力業務全般を受託――富士ゼロックス株式会社

私は、北陸先端科学技術大学院大学が2005年に新エネルギー・産業技術総合開発機構[★2]（NEDO）から受託した「製造業におけるサービスのイノベーションを促進する科学技術のあり方に関する調査研究」の調査チームの1人として、日米製造業の「モノビス化」の事例に関してアンケートやヒアリングおよび各種資料による調査を行った。

その調査によると、「モノビス化」には主に3つのパターンが存在することがわかった。**「アジャストメントの拡大」（製品自体をよりよく使うためのサービス）「テリトリーの拡大」（製品に関連する便利な機能を提供するサービス）「コミットメントの拡大」（製品のリスクを肩代わりするサービス）**だ。日立建機の保守サービスは、「アジャストメントの拡大」の典型例であるが、次に「コミットメントの拡大」「テリトリーの拡大」のケースを紹介しよう。まずコミットメント拡大のケースは、オフィス用コピー機大手の富士ゼロックスである。

オフィス用コピー機は、定期的なメンテナンスが不可欠な製品であり、昔から保守サービスは大きなビジネスとして存在していた。使用したコピーの枚数によって保守サービスの料金を設定し、料金の中に部品代や、修理費が含まれるという仕組みである。これは、ユーザーにとっては機器の故障などによる予定外の出費（リスク）を抑えるメリットがある。すなわち、製品のリスクを肩代わりする「コミットメントの拡大」に分類できる。このコミットメントの拡大をさらに推し進めたのが、オフィスでの出力製本などドキュメント業

★2―NEDO（ネド：New Energy and Industrial Technology Development Organization）。エネルギー・環境技術の開発と普及の促進、産業競争力の強化を通じた経済活性化などを目的に設立された国立研究開発法人。

図 3-3 ★富士ゼロックス株式会社のドキュメント・アウトソーシング・サービス

富士ゼロックス株式会社 Web サイトより。

務代行サービスだ。

富士ゼロックスは、顧客のオフィスにスタッフが常駐するサービス拠点を設置して、企業のドキュメント業務を一括して請け負う「ドキュメント・アウトソーシング・サービス」を提供している。具体的には、オフィスエリアに分散して設置されているコピー機を、ＩｏＴを活用して保守し使用状況を管理するとともに、大量のコピーや製本などの集中出力作業を代行する。このサービスにより、オフィス用コピー機の使用状況に基づいた最適な機種・台数を維持でき、顧客の従業員を本来業務に集中させることができる。

さらに、ドキュメント業務代行だけでなく、これらの業務実績で蓄積された文書処理ノウハウとコストダウン手法をベースに、自治体の本来業務のアウトソーシングへと発展させている。具体的には役所の「住民関連業務アウトソーシングサービス」を提供し、戸籍届書の入力や各種証明書発行などの窓口業務を行っている。ここでは、ドキュメント業務だけでなく、オフィスレイアウトや業務プロセスの設計や改善も支援し、役所の業務全体の効率化に貢献しているのだ。

2 大手化学メーカーが自動車塗装を代行――ＰＰＧインダストリーズ

業務代行サービスによる「コミットメントの拡大」は、塗料メーカーでも行われている。PPGインダストリーズは、自動車用塗料や接着剤、コーティング剤などを製造する米国の大手化学メーカーである[★3]［図3-4］。従来の塗料メーカーは、塗料を使用する企業（自動車メーカー）に1リットルいくらで塗料を売っていた。

このようなビジネスでは、建設機械や複写機のような保守サービスは考えにくい。しかし、PPGインダストリーズは、顧客の自動

★3―米国の化学メーカー。ガラスメーカーとして1883年に創業し、現在はガラス製品だけでなく、塗料やコーティング剤、光学製品や接着剤などを全世界で販売している。http://corporate.ppg.com/

図 3-4 ★自動車に使用されているPPGインダストリーズの技術

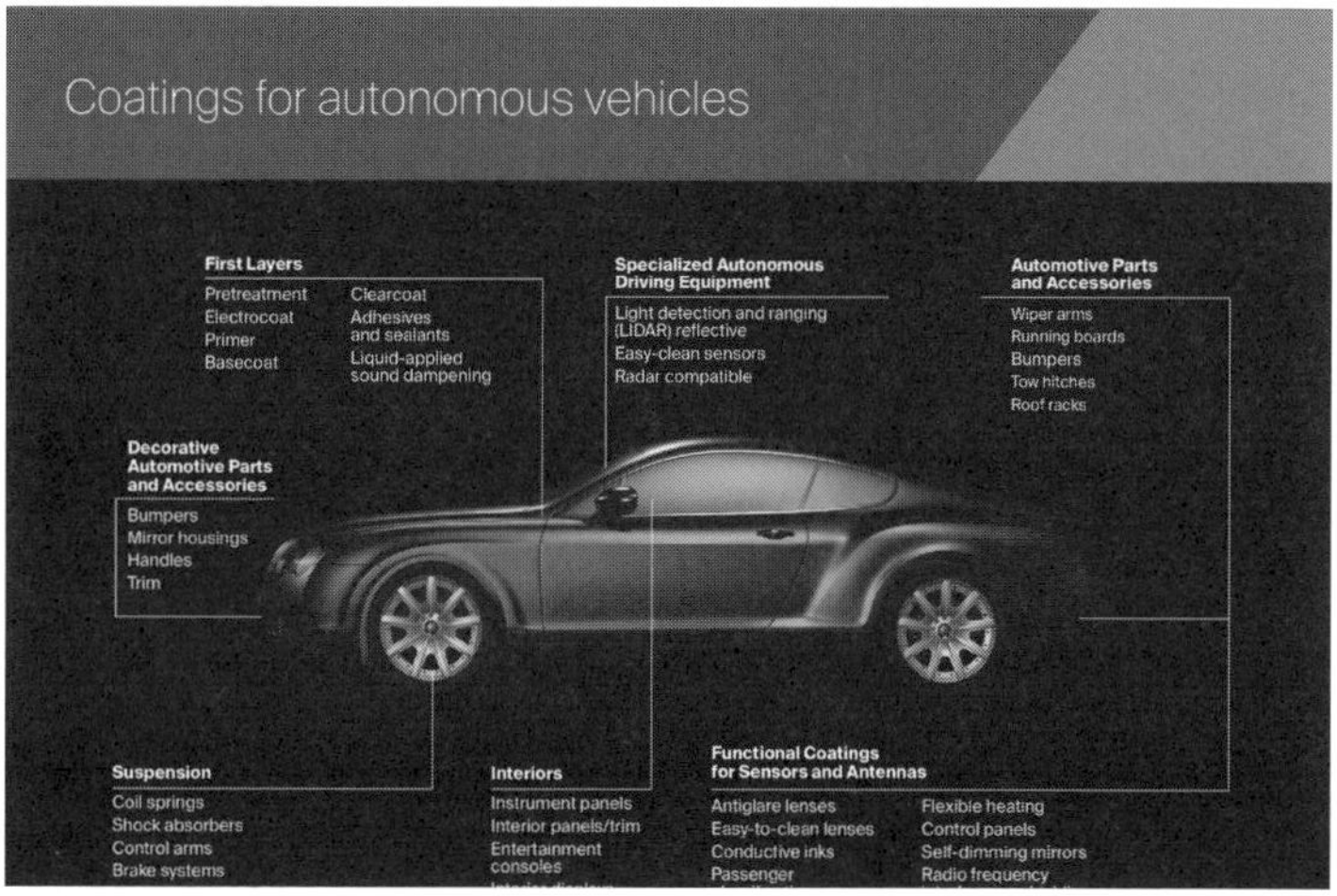

PPG インダストリーズ Web サイトより。

車メーカーに対して、塗料だけでなく塗装のコンサルティングおよび塗装工程の管理代行を行っている点が、「モノビス化」の事例としてたいへん興味深い。何をするかというと、温度・湿度などを考慮した製造ラインの乾燥速度の設定など塗装プロセスに関するノウハウに基づき、ＩｏＴを活用した管理サービスを提供する。すなわち、塗料というモノを売るだけでなく、顧客が塗料をよりよく使えるように塗装プロセスをサービスとして提供しているのだ。塗料の性能を十分引き出すためには、塗装プロセスが重要となる。この最適な塗料プロセスを自動車メーカーより熟知している点が塗料メーカーの強みである。２００５年にはメキシコのトヨタの工場に、この塗装プロセス代行サービスを提供しており、このサービスが拡大すれば、ますます塗装のノウハウが自社に蓄積でき、競争力が増すことになる。

3 楽曲の販売からリスニング機器までAVネットサービスで垂直統合——アップル

ここで、製品に関連する便利な機能を提供する「テリトリーの拡大」の事例を紹介しよう。米国アップルは、基本的にはパソコン（Ｍａｃ）、タブレット（ｉＰａｄ）、スマートフォン（iPhone）などのハードウェアメーカーであり、売り上げや収益の多くはハードウェア販売で得ている。サービスの比率も徐々に高くなってきているが、サービスが主ではない。あくまでも、サービスはハードウェアの顧客価値を高める手段なのだ。アップルの具体的なサービスは、音楽配信の「アップルミュージック」やアプリ配信の「アップルストア」、最近ではモバイル決済の「アップルペイ」などである［図3-5］。これらは、アップルのハードウェア（Mac、iPad、iPhoneなど）を便利にする機能を提供するサービスであり、これらのサービスなしにはハードウェアの価値はほとんどない。

図 3-5 ★アップルの音楽コンテンツサービス（同社 Webより）

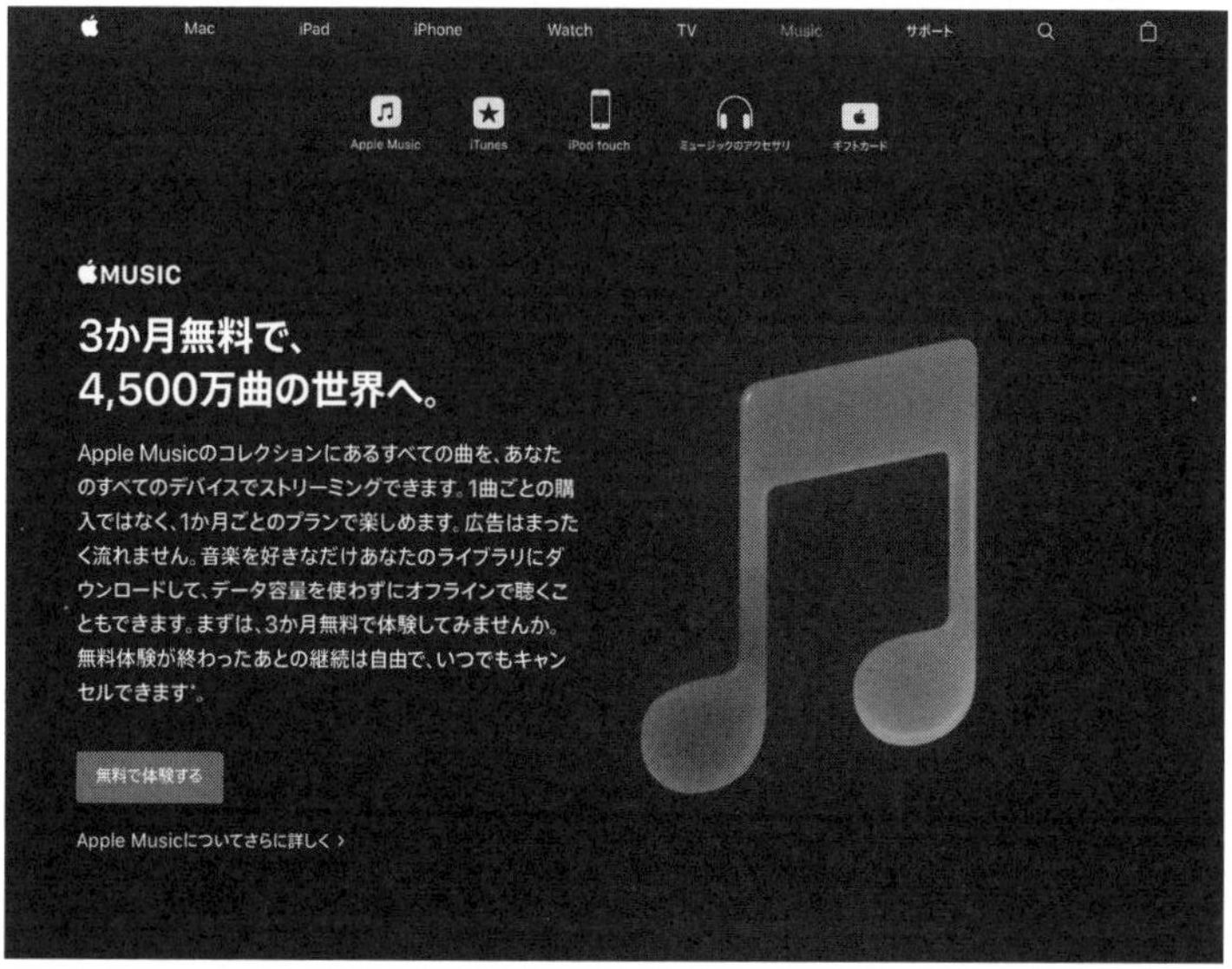

さらに、「アップルミュージック」では、ユーザーの好みを学習し、好みに合いそうな曲を紹介してくれるリコメンデーション（お勧め）サービスなどさまざまなサービスメニューを提供している。これらの機能は、ユーザーが使えば使うほど、ユーザーが増えれば増えるほど魅力的になる。

一方、前記のようなデジタルＡＶ機器のネットサービスに関しては、ハードウェアメーカーだけでなく、アマゾンなどのサービス企業側も同様のサービスを提供しており、「製造業のサービス化」と「サービス業の製造業化」のせめぎ合いが続くだろう。日本のデジタルＡＶ機器メーカーも、これまで独自のサービスを開発・提供してきたが、近年はソニーやシャープがアンドロイドＴＶを採用するなど、外部のリソースを活用してエコシステムに自社を位置付ける傾向がみられる。

【まとめ】

IoTを活用したモノビス化が製造業の成長の原動力に

1 製造業とサービス業の融合で急速に進むモノビス化

本章のケースでは、製造業のサービス化、私が提唱する「モノビス化」に成功した企業を紹介した。日立建機のようにＩｏＴを駆使して実現している企業もあれば、スマートフォンというハードウェアをサービスと垂直統合したアップルというケースもある。ＩｏＴ時代のイノベーションでは、製造業のサービス化が一つの典型的な成功パターンといえる。製造業では「モノを媒介して顧客と企業が一緒に価値を創造するプロセス」が各所で進んでいることがわかると思う。

21世紀になり、経済の価値の重心が第2次産業的な工業社会的なプロダクツ（モノ）から、第3次産業的な情報・知識・サービス要素へシフトする傾向が強くなってきた。これを反映し、さまざまな産業分野でモノ中心のビジネスモデルからサービス重視のビジネスモデルにシフトする流れが強まっている。そしてこの2つはビジネスモデルや収益構造が全く異なる。製造業もその流れから逃れることはできず、サービス化戦略を取らざるを得ない状況になっている。これが「モノビス化」であった。

なぜ、製造業がサービス化する必要があるのか？　ヴァン・ルーイ[★4]は本書でいう「モノビス化」が近年「必要とされている理由」として次の2つをあげている。

①顧客のニーズに応えるため

モノがある程度行き渡っている現代社会において、顧客が求めているのはモノ自体ではなく、モノを使って価値（使用価値）を創造することであり、その価値創造プロセスを支援するサービスである。米国では自動車で、中国では自転車で、モノを買わずにＩｏＴを活用したシェアリングが行われている。共にモノの使用価値として「移動手段」を得るというのが共通で、保有せずに価値を得るための試みとして注目されている。[★5]

②差別化と顧客囲い込みを図るため

モノ自体の差別化が難しい場合、モノに加えて優れたサービスを提供することによって、競合他社との差別化を図ることができる。また、継続性のあるサービスで顧客を囲い込むことにより、安定した収益を確保できる。日立建機の例でいえば、データレポートサービスが

★4—ヴァン・ルーイ他『サービス・マネジメント—統合的アプローチ〈上〉』ピアソン・エデュケーション、２００４年。

★5—米国Ｚｉｐｃａｒは、自社サービス提供車の車載ＧＰＳからの情報とサービス利用者のスマホアプリを連携し、利用者の最寄りの車を探すことができるサービスを開始している。

顧客の業務プロセスに組み込まれると、他社の建設機械への乗り換えが難しくなる。富士ゼロックスの例でいえば、いったんドキュメント・アウトソーシング・サービスを受託すれば、その職場では個別に他社のコピー機に置き換えられることはなくなる。

また、今後は地球環境・資源問題の観点からも、製造業のサービス化の必要性が増していくだろう。これはモノ自体を提供する代わりにモノの機能をサービス（レンタルやリース、シェアリングなど）として提供することで、リユースやリサイクル率が向上し、少ないモノや資源で顧客のニーズに応えることを可能とする。このように製造業のサービス化には、顧客のニーズ（使用価値の創造）、製造業のニーズ（差別化・囲い込み）、社会のニーズ（地球環境・資源問題）の3つの異なるポイントがある［図3-6］。

モノを介して顧客と提供者が価値を共創する

「サービス」にはさまざまな定義があるが、私は「顧

図 3-6★製造業のサービス化の3つのニーズ

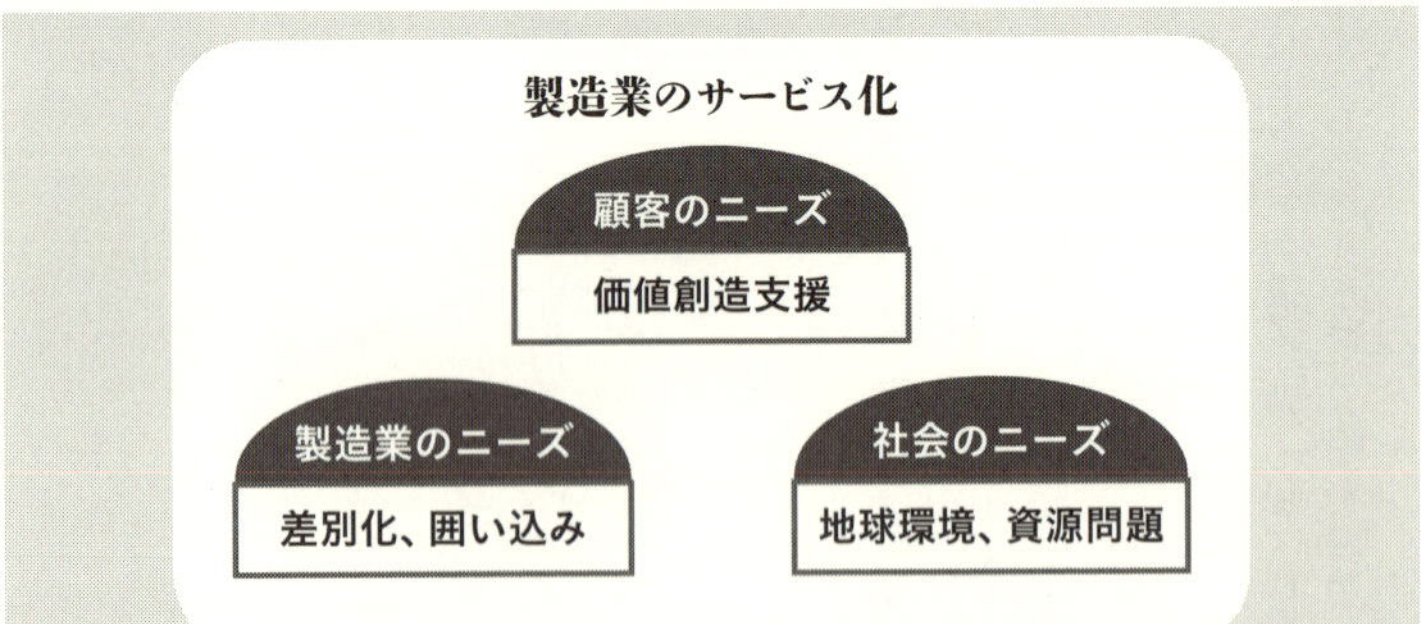

客と提供者（企業など）との価値の共創」という定義を用いている。「モノビス化」では、モノとサービスの複合体ＰＳＳ★6が商品となる。

そして「モノビス化」とは「モノを介して、顧客と提供者が価値を共創するプロセスを実現するシステムの開発・運用」ということになる。ＩｏＴを活用し、顧客によるモノの使用状況や状態をセンサーで収集し、そのデータをクラウド側で情報処理・知識処理し、その結果についてプロダクトを介して顧客にフィードバックして価値を生み出すのだ［図３‐７］。

従来の製造業が「モノづくり」だとすれ

★６ ―Product-Service Systems（プロダクト・サービス・システム）

図 3-7 ★ IoTと「モノビス化」の関係

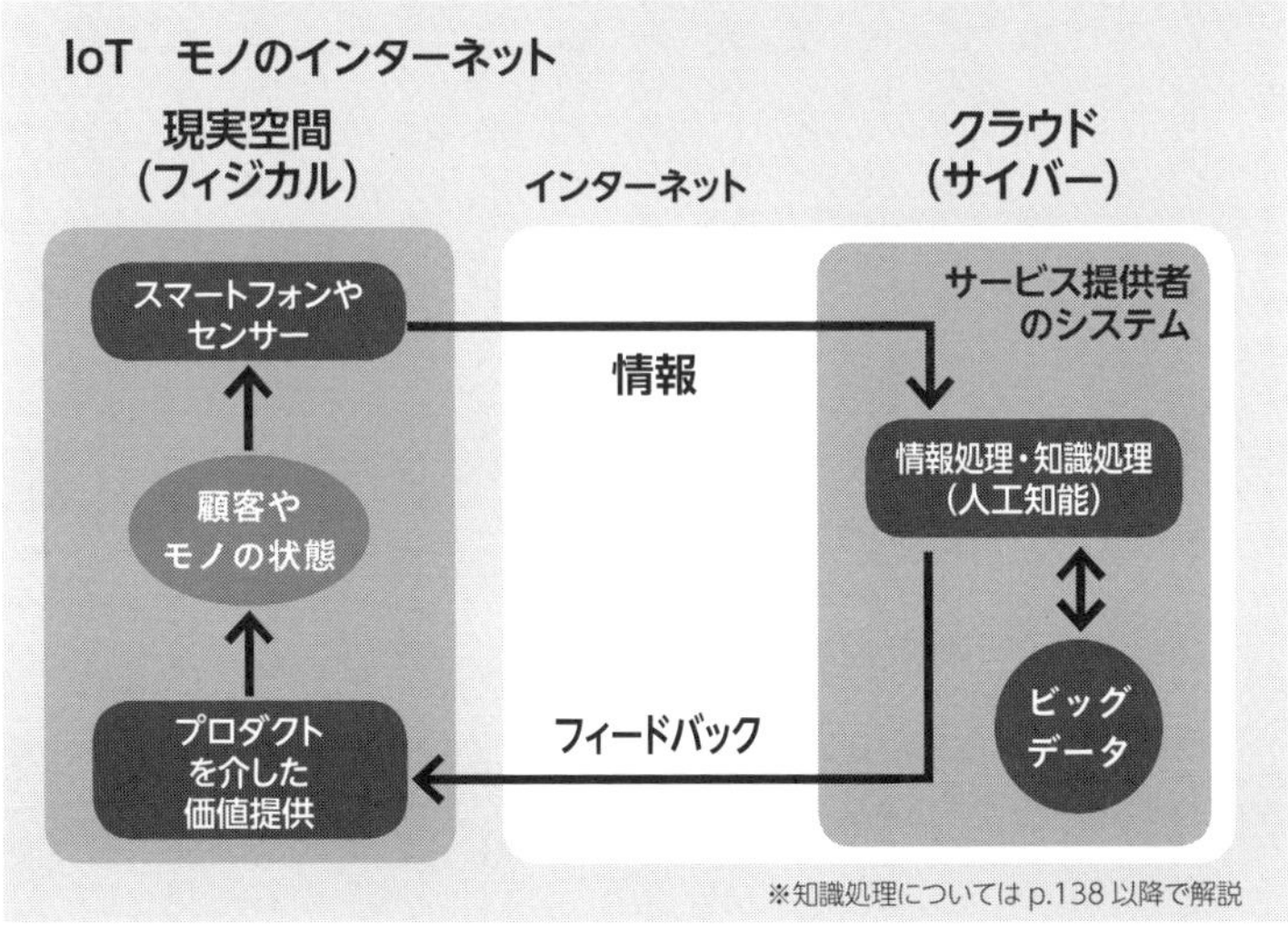

ば、製造業の「モノビス化」への取り組みは「コトづくり」ということもできる。藤本隆宏氏は著書で[★7]「モノづくり」を「生産のみならず、製品開発や購買など、製品ができ上がるまでの価値創造活動を総称する概念」と定義しているが、私は「コトづくり」は「製品の開発、生産、購買のみならず、顧客が製品を使って価値を生み出すまでの一連の価値創造活動を総称する概念」と定義する。

インターネットやＩｏＴが普及する以前の製造業では、モノを販売した後の企業と顧客との接点は限られており、継続的な連携は難しかった。モノを顧客に提供していても、それは一方向の価値の提供であり、必ずしも価値の共創は行われていなかった。

しかし現在は、ＩｏＴが産業から生活に至るあらゆる分野に普及し、企業と顧客が人間系だけでなくネットで直接つながることで、製品販売後における継続的な価値共創の可能性が大きく広がり、さまざまなモノビスが登場してきている。

従来あった保守サービスに関しても、本章で紹介した日立建機や富士ゼロックスのようにサービスの内容が進化している。また、保守サービス以外でも、アップルのように、ｉＰｈｏｎｅが顧客に販売された後も、従来の「売ったらそれで終わり」ではなく、ｉＰｈｏｎｅを媒介としてさまざまなアプリや音楽サービスを顧客に提供している例がある。

一方で、近年はサービス業側からも、サービスを提供する媒介物としてプロダクトを提供するケースも増えている。アマゾンの電子書籍端末（Ｋｉｎｄｌｅ）はその典型例であろう。

EMS（電子機器受託製造サービス）[8]の発展により、サービス業が独自のプロダクトを構築することが容易になった。「モノビス化」は、製造業のサービス化と、サービス業の製造業化の両方を含む言葉なのだ。

さらにAIスピーカーの分野では、アマゾンとグーグルは製造業であるソニーとも競い合う関係になっている。今後、「モノビス化」された市場において、アマゾンとグーグル、ソニーにみられるように製造業とサービス業がせめぎ合う場面がますます増えてくるだろう。

「モノビス」が生み出す価値は顧客と企業の接点を拡大する

「モノビス化」はさまざまな価値を生み出しているが、「モノビス化」分析のフレームワークの一つである「顧客接点拡大モデル[9]」を用いると、その価値の分類と整理が可能だ。「モノを媒介として顧客と企業が一緒に価値を創造するプロセス」において、顧客と企業の「接点拡大」は不可欠であるが、「顧客接点拡大モデル」では、接点拡大には3つの方向「**ア**

★7―藤本隆宏『能力構築競争』中央公論新社、2003年。
★8―Electronics Manufacturing Services. 自社のブランドをもたずに電子機器の製造や設計を他社に提供するサービス、またはその企業。
★9―亀岡秋男編著『サービスサイエンス　新時代を拓くイノベーション経営を目指して』エヌ・ティー・エス、2007年。

ジャストメント拡大」「**コミットメント拡大**」「**テリトリー拡大**」があり、それぞれの企業が提供すべき価値として「**良品**」「**安心**」「**便利**」があると考える［図3-8］。この3つの価値に関して、前述の事例との対応を取りながら説明する。

アジャストメントの拡大（**良品**）

製造業が顧客への「モノ」の提供だけでなく、研究開発、企画、設計、製造、流通、運用、保守段階にも顧客との接点を広げ、モノの品質や機能をメンテナンスおよびカスタマイズし、「良品」を提供する。日立建機の例のように、ＩｏＴを活用して機器の状態を監視しながら故障診断や予測保全を行う保守サービスはアジャストメントの拡大の典型である。また、「モノ」をよりよく使うための人間系のコンサルティングサービスもアジャストメントの拡大に含まれる。

コミットメントの拡大（**安心**）

モノの販売から、リースやレンタル、さらには運用代行や

図 3-8 ★モノビスが生み出す価値

価値	具体例
アジャストメントの拡大（良品）	コンサルティング、メンテナンス、カスタマイズ、パーソナライゼーション
コミットメントの拡大（安心）	レンタル・リース、運用代行、事業代行
テリトリーの拡大（便利）	ワンストップソリューション、コンテンツ配信・推薦

事業代行まで、顧客の価値創造活動へのコミットメントの比率を高める。すなわち、価値創造の過程で顧客に発生するリスクを共有することで、「安心」を提供し、顧客の価値創造活動を支援する。製造業はモノについての深い知識を生かすことで、顧客より効率的にリスクを負うことが可能である。リースやレンタルは、非常にシンプルなコミットメントの拡大であるが、富士ゼロックスやPPGインダストリーの例のように、製造業が顧客の業務の一部をアウトソーシングとして請けるのも最近のコミットメントの拡大のトレンドである。

テリトリーの拡大（便利）

顧客価値創造の視点で「モノ」の周辺機能も一緒にそろえることで「便利」を提供する。1章で紹介したアクアの例のようにモノの販売に加えて経営支援を行うサービスやビルの各種設備の一括保守サービスなどのいわゆる「ワンストップソリューション」はその典型例であるが、アップルの例のようにデジタルAV機器の音楽やアプリなどのコンテンツ配信や推薦サービスもテリトリー拡大といえる。

なお、この「モノビス化」に重要な3つの価値「良品」、「安心」、「便利」のほかにも、最近注目されている価値として「経験」（experience）がある。経験価値とは、経験や体験から生まれる感性的な満足であり、スターバックスが提供するサービス（コーヒーを媒介とした上質なライフスタイルの体験）が典型例として引用されることが多い。モノビスにおいても経験価値の重要性は今後高まると思われるが、知識処理より工業デザインやＵＸデザイン★10の側面が強く、本書ではその存在について言及するのみとしたい。

2 ＩｏＴで集めたデータから知識処理で価値を創造する

最後に、「モノビス化」において人工知能を含む知識処理が重要な役割を果たすことを説明したい。なお、ここでは私が講義で用いている手法などについて触れており、知識やデータ処理に興味のある方向けの、やや専門性の高い説明となっていることをあらかじめお断りしておく。

製造業のサービス化には、情報処理・知識処理システム面だけでなく、人間・組織・プロセス面での大きな変化が必要である。ＩｏＴイノベーションは、ＩｏＴデバイスとクラウド側の情報処理・知識処理の近年の技術革新を最大限生かしつつ、人間・組織・プロセス面との合わせ技で実現される［図3-9］。人間・組織・プロセス面については、第5章で述べるので、ここでは情報処理・知識処理システム面にフォーカスする。

モノビス化による価値創造を、ＩｏＴを活用したデータマイニング（収集した大量データの分析と新知識の発見）や人工知能を含む情報処理・知識処理の視点で整理するとどうなるか。

まず、データマイニングに関して「データ」「情報」「知識」「価値」「知識処理」を次のように定義しよう。

①**データ**：センサーから送り出されたままの数値（列）やテキスト（例：番組の視聴履歴、ユーザーの操作履歴）。

②**情報**：データを加工して意味をもたせたもの（例：機器のセンサー情報から抽出した特徴量、番組の視聴履歴から得られたユーザーの特性）。

③**知識**：情報を価値創造に活

★10—UXは「User-Experience」の略で、ユーザー体験をデザインすること。

図 3-9 ★製造業のサービス事業化のニーズと必要となる変革

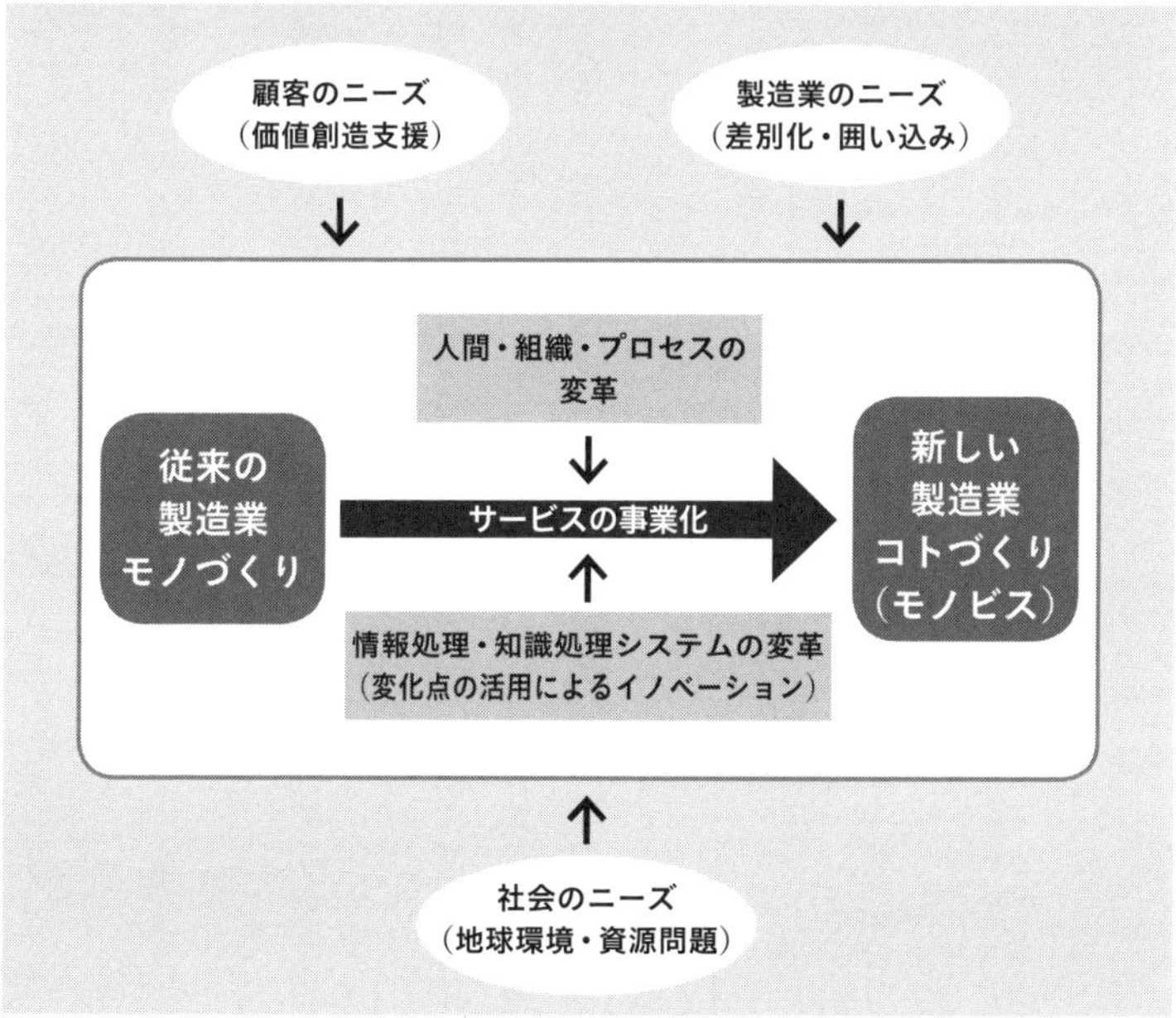

用できる形にしたモデル（概念を単純化して表したもの）や情報の集合（例：故障予測モデル、番組推薦エンジン）。

④**価値**：サービスのユーザーが有用性を感じる情報や行為（例：最適保守計画、番組推薦リスト、番組の自動録画）。

⑤**知識処理**：データから情報や知識を通して価値を生み出す一連の処理。知識の生成プロセスと活用プロセスの両方を含む。

さらに、モノビスにおける知識処理には2つの種類がある。すなわち、モノビス設計時の知識処理とモノビス実行時の知識処理である〔図3-10〕。モノビス設計時の知識処理は、蓄積された膨大なデータからデータサイエンティストがさまざまな統計や機械学習の技術を使ってモデルを作る作業だ。日立建機の「インテリジェントフィルター」の構築はこれにあたる。

一方、モノビス実行時の知識処理は、モノビス設計時に構築したモデルに基づき、IoTで収集したデータに対して自動的かつリアルタイムに行う処理だ。日立建機の「定期レポート」「緊急レポート」はこれにあたる。

以下、モノビスにおける知識処理でデータをどのように価値に変換するのか、そのための技術は何かを示す。

データ→情報（**情報収集**）

IoTやWebから収集できるデータを情報に変換する。ここでは、生データを分析に使える情報に変換する知的前処理（intelligent preprocessing）技術が重要である。具体的には、ノイズや異常値の除去などのデータのクレンジング、特徴量の自動抽出や自動タグ付け（アノテーション）がある。

情報→知識（**情報分析**）

情報を分析して活用できる知識を構築する。ここでは、統計的データ分析、データマイニング、テキストマイニング、機械学習が中心的な技術である。すでに、さ

図 3-10★データを価値に変換する知識処理プロセス

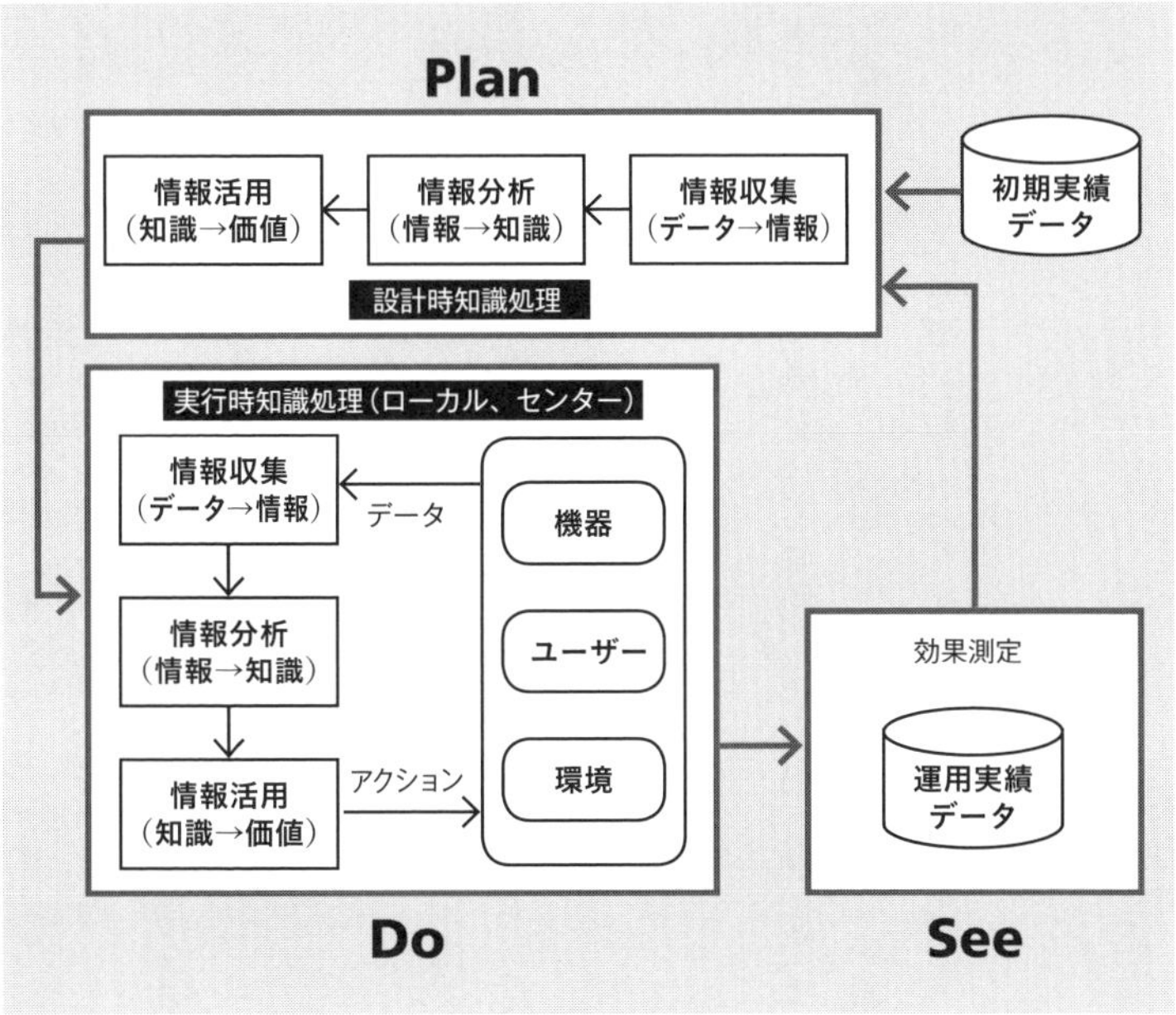

まざまな用途でさまざまな分析技術が開発されており、既存の分析技術を用いてどのように問題解決を行うかが重要となり、問題解決を支援するための情報分析方法が必要となる。また、故障物理モデルや人間行動、嗜好モデルなど、各ドメインの知識や論理に基づくモデルとデータ分析、データマイニングに基づくモデルの融合が有効な場合が多い。

知識→価値（**情報活用**）

分析で得られた知識に基づき、顧客にとっての価値を実現するためのアクションを創出する。アクションには、モノに対する制御命令（保全制御、機能の個別化）やオペレーターに対する情報提供（モノの使用計画）、ユーザーに対する情報提供（コンテンツ配信・更新・推薦）などがある。ここでは、数理最適化、リスク工学、シミュレーションなどのオペレーションズリサーチ技術が中心的な役割を果たす。

これらのように、ＩｏＴで得られたデータから情報、知識を経て価値を生み出す過程では、さまざまな知識処理技術が活用できる。ＩｏＴイノベーションを起こす人材は、どんな知識処理技術があり、どのように活用できるのかをしっかり理解しておく必要がある。

第3章 Chapter

point

- ＩｏＴによって製造（モノ）業とサービス業が融合する「モノビス」化が進む
- 「モノビス」化は、顧客の真のニーズに応え、顧客の囲い込みを可能にする
- ＩｏＴで集めたデータから提供価値を生み出すのが知識処理・人工知能である

第4章 Chapter
IoTイノベーションに欠かせないオープン&クローズ戦略

キーワード

オープン&クローズ戦略
エコシステム
デジタル化
コミュニティー型イノベーション

近年、IT産業だけでなく、製造業や不動産業などさまざまな産業分野で「オープンイノベーション」が行われるようになってきた。特にビジネスにIoT要素が必要な場合、オープンイノベーションは多寡にかかわらず避けて通れない状況になることが多い。本章ではビジネス展開の中でオープンイノベーションを活用しているケースとしてレオパレス21とジンズの事例を紹介し、外部のリソースを活用するさまざまなパターンを示し、競争に打ち勝つためのオープン&クローズ戦略について解説する。

ケース 8

業界に先駆け、賃貸住宅のIoT化をオープン化で推進

株式会社レオパレス 21 の事例から

アパート賃貸大手、レオパレス 21 は
膨大な管理物件へインターネット接続サービス「レオネット」を導入し、
いち早く IT 化することで、他社との差別化を図っていた。
そして同社は IoT の登場に合わせて
さまざまな施策を打ち出し続けている。
どのような戦略で何を目指すのか、
また重視しているというエコシステムについても訊いた。

1　次々と革新的な取り組みに挑戦するレオパレス21

「少子高齢化による人口減少などを背景に賃貸アパート業界はますます競争が激しくなっています。そこで他社と差別化を図るためIoT化に踏み切りました」

こう話すのは、アパート賃貸大手・レオパレス21のレオネット推進部副部長の林公平氏だ。同社は早くからITを活用した物件価値の向上に取り組んでいて、2002年には入居者向け有料インターネット接続サービス「レオネット」を導入した（2018年4月5日時点で加入者数24万6000ユーザー）。そして、そのシステムが老朽化し、使い勝手の悪さなどが指摘されるようになったため、2016年に大がかりなリニューアルを敢行。それにともないスマートフォンで家電などの遠隔操作ができるIoTを導入した。

もともと同社は新しい試みに意欲的に取り組む企業として知られる。1日、1カ月といった単位で契約できるプランを用意し、家具家電付きのサービスアパートメントを展開するなどさまざまな試みに挑戦してきた。限られたスペースを有効に使えると若い世代に人気のロフト付きアパートも同社が始めたもので、1991年には特許も取得している。そんな中で2002年に「レオネット」がスタートするのだが、これも当時にしては画期的な試みだった。林氏は言う。

「すべての部屋にインターネット回線を敷くとともに、STB★1（セット・トップ・ボックス）という機械を設置することでビデオ配信やCSチャンネルの視聴を可能にしました。当時まだビデオ・オン・デマンド★2は普及しておらず、レンタルビデオ店に足を運ばなくても、好きな映画やドラマを楽しめるというのは大きなアピールになり、入居者の獲得に多大な役割を果たしました」

ところが、時がたつにつれ、その存在意義が薄らいでいく。通信速度が飛躍的に高まったことを背景にさまざまな動画配信サービスが登場し、「レオネット」の優位性が失われていったのだ。また、「レオネット」は開発時期が早かったため、パソコンやテレビのみの対応で、スマートフォンによる視聴が難しかった上に、独自開発のシステムなので他社の動画配信サービスを受けられないという難点もあった。

そこで、同社では2015年ごろからシステム刷新に向けての検討を始める。「レオネット」をバージョンアップする程度では入居希望者にアピールできないのではないか、そもそ

★1―インターネット回線の端末としてテレビと組み合わせることでさまざまな情報を得ることができる装置。
★2―Video On Demand. 視聴者はテレビやスマートフォンから好きな場所、好きな時間にさまざまな映像コンテンツを視聴できるサービス。

も大金を投じて刷新してもコストに見合う効果を期待できるのか。当初はそうしたネガティブな意見も多かったそうだが、やがて抜本的な見直し案が浮上し、それを契機に新システムの開発へと舵を切る。動画配信だけでなく、さまざまな機能をもたせ、将来的には新たな収益源になるような仕組みをつくる、と同時にＩｏＴ化によって新しい時代のアパート像を模索していく。こうしたコンセプトで新「レオネット」の開発に乗り出すのだ。

2 入居者の生活情報の収集・分析を開始

最初に行ったのがＳＴＢの変更だ。従来のＳＴＢは独自に開発したシステムだったために、他社のサービスを受けられないなどいくつか欠点があった。そこで、米グーグルのＳＴＢ向けＯＳ[★3]「アンドロイドＴＶ」をベースに開発。そのため、以前とは比較にならないくらい多様なコンテンツを楽しめるようになった。

「新しく開発したＳＴＢを『ライフ・スティック』と名付けているのですが、これをテレビのＨＤＭＩボードに装着すると、業務提携したインターネットテレビ『ＡｂｅｍａＴＶ[★4]』が無料視聴できます。また、グーグルのＯＳなので、動画投稿サイト『ＹｏｕＴｕｂｅ』をはじめ、スマホＯＳのアンドロイドＴＶのアプリはすべて使用できます。もちろん、従来通り映画やドラマ、ＣＳチャンネルの視聴も可能です」

これだけなら旧「レオネット」のバージョンアップ版といえそうだが、もう一つ大きな変更点がある。「ライフ・スティック」を通してさまざまな生活情報を提供する仕組みを作り上げたのだ。

「新しい『レオネット』には入居者専用の『マイルーム』というコンテンツを設けているのですが、そこでその地域の天気情報やゴミ出し情報など、アパート生活を送る上で必要な情報を提供しています。テレビをつけて『マイページ』を開くと、いろいろな情報を確認できるわけです」

「マイページ」を通して入居者の声を拾い、アパート運営に生かすといった試みも始めている。一つ例をあげると、少し前に巡回清掃に関するアンケートを行った。同社では清掃業者に依頼して定期的に巡回清掃を行っているのだが、きちんときれいになっているか、何か不満に思うことはないかなど「マイページ」で入居者にアンケートを取ったのだ。とくに景品は付けなかったそうだが、それでも約３０００人から回答が返ってきた。それをすぐ清掃業者にフィードバックし、改善に取り組んだという。

★３―パソコンやスマートフォンでアプリと機器を動かすために必要な基本ソフトウェア。
★４―サイバーエージェントとテレビ朝日が出資し、２０１６年から運営しているインターネットテレビ。

こうした生活情報を提供する背景には一つ狙いがある。今回のリニューアルでは、スマートフォンからデータを受け取るAPI（アプリケーション・プログラミング・インターフェース）★5と、入居者データを分析、活用するBI（ビジネスインテリジェンス）★6ツールを導入している。つまり、入居者に関するさまざまな生活データを匿名化して収集・分析する機能を設けたのだ。

「現在、当社では約57万戸のアパートを運営しています。しかも、その約半数は法人契約で、社員向けの社宅や借り上げ住宅としてご利用いただいているため、20代、30代の単身世帯が圧倒的多数を占めます。つまり、マーケティング戦略において重要とされる情報感度の高い層が数十万人暮らしている。そこで、そうした入居者の生活データを活用できるのではないかと考えたわけです」

すでに外部の広告会社と提携し、「レオネット」での広告掲載を2017年より開始している。広告を具体的にどのように表示するかは検討中だが、例えばスクリーンセーバーに表示するといったアイデアも出ているという。「レオネット」にはスクリーンセーバー機能があり、あるチャンネルに限ってしばらく放置しておくとパソコンのようにスクリーンセーバー画面に切り替わる。そこにさりげなく表示する程度であれば、たしかに入居者に嫌がられるようなことはないだろう。

同社がレオパレス21入居者24万6000人（2018年4月5日時点）をユーザーとすることで、多くの企業にとって垂涎の的となる「ユーザー属性が明示された巨大なプラットフォーム」が出現したことになる。レオパレス21は、入居者の生活データを提供し、広告会社はその属性に基づいて広告を配信する。ユーザー属性が判明していることで、ヒット率の高い広告展開が十分に可能だ。

ＩｏＴビジネスにおいて生み出したサービスをいかにスケールアップするかが各社にとって大きな課題であるが、このようにレオパレス21がもつプラットフォームにはユーザー属性という大きな強みがあり、今後、より多くの企業を引き付けることが予想される。

3 家電の遠隔操作が可能に、新規物件はスマホもＯＫ

レオパレス21の各部屋には「ライフ・スティック」とともに、直径10センチ、高さ4センチほどの小さな円形の装置が置かれている。名称は「レオ・リモコン」〔図4-1〕。同社はこの装置を開発することで、ＩｏＴ化に向けて第一歩を踏み出したのだ。

「レオ・リモコン」はスマートフォンで家電を操作するための高機能学習リモコンだ。スマートフォンに専用のアプリをインストールするとリモコン操作画面が立ち上がり、そこか

★5―プログラムからデータの授受や操作を行うソフトウェア的な仕組み。
★6―情報を収集、蓄積し、経営上必要な判断を下す仕組み。

ら家電の操作ができる。同社のアパートに標準で備えられているテレビ、エアコン、照明などはすぐに使えるが、入居者が持ち込んだ家電も赤外線リモコン対応であれば後から追加できる。

また、「レオ・リモコン」にはさまざまな機能があり、いろいろな使い道が可能だ。例えば音声機能が付いているので、料理中など手が離せない状況でも音声で操作できるし、センサー機能があるので部屋の温度や湿度、照度などもわかる。そして何より便利なのが、自宅外から遠隔操作できること。外出後に消し忘れた照明のスイッチをオフにする、帰宅途中エアコンのスイッチを入れて部屋を暖めておく、といったことが可能なのだ。

現在、新しく建てているアパートにはすべて「レオ・リモコン」が搭載されている。

また、スマートフォンでドアの開け閉めができるスマートロックシステム「レオ・ロック」も導入。こちらも遠隔操作が可能なので、カギを閉め忘れて外出してしまったときなども安心だ。

これらのシステムはIoT機器のパイオニア的企業である株式会社グラモ（以下、グラモ）と共同で開発したものだ。正確にいえばグラモ社の家電制御装置などをレオパレス21のアパートに合わせてカスタマイズした。これについて林氏はこう話す。

「既存のシステムや製品を使ったほうがコストも時間もかからないのは事実です。しかし、これは当社の伝統というか文化でもあるのですが、すでにあるものをそのままもってくるというのはできれば避けたい。というのもレオパレス21には一般の住宅やアパートとは異なる点がたくさんあります。したがって、たとえ世の中に普及しているシステムや製品でも、そのままだと使いにくいということがあります。少し改良したり、アレンジしたりすると、見違えるように使い勝手がよくなります。ですから、多少コストや時間がかかってもレオパレス21仕様にこだわります。もちろん、自社ですべて開発できればよいのですが、それはさすがに難しいので、今後も外部企業と共同で開発するケースが多くなるでしょう」

　これは文字通り「他社の力を活用するエコシステム」そのものであり、素早いビジネス展開のためにはこのような判断を行うことは重要だ。

　また、２０１７年７月には顔認証のみでマ

図 4-1 ★「レオ・リモコン」本体とリモコン操作画面

写真提供：株式会社レオパレス 21。

ンションのエントランスのロックを開錠できるシステムを導入、さらに今後は「レオ・リモコン」にＡＩスピーカーを組み込んだ新型「レオ・リモコン」も導入予定だ。今後もＩｏＴ化を推進する構えだが、アパートという性格上、一つ難しい問題があるという。いうまでもなく家賃との兼ね合いだ。

「快適さや利便性を追求することは大事ですが、むやみに家賃を上げるわけにはいきません。入居された方が使用する設備やサービスを選択できるようにし、それに応じて課金する方法も考えられますが、これにもいろいろな問題があります。そもそも極端に利用者が少なかったら、投資が無駄になりかねません。どこで折り合いをつけるかが非常に難しいのです」

とはいえ業界に先駆けてＩｏＴ化に取り組んでいるだけに後戻りするつもりはまったくないと林氏は言う。近い将来、今は想像もできないような新しいスタイルのアパートがお目見えするかもしれない。

4　2つのオープンイノベーションでスマートホームのビジネスエコシステムを構築

レオパレス21は、ＩｏＴを活用して賃貸物件をスマートホーム化し、居住者にとって価値の高い空間を提供している。居住者が自分で機器を購入してスマートホーム化する場合に比べて、あらかじめ接続性が保証された機器によって効率よくスマートホームを実現することができる。ここが、1つ目のオープンイノベーション★7のポイントだ。スマートホーム化ではアンドロイドTVやグラモの技術など外部のリソースを積極的に活用した。

さらに、スマートホーム化された数多くの賃貸物件を所有することで、そこで得られる生活ビッグデータを分析し、居住者サービス（情報配信など）だけでなく、分析結果や情報配信の仕組みを他の企業にも提供している。すなわち、スマートホームのネットワークが、他の企業にとって利用したい魅力的なビジネスのプラットフォームとなっている点が2つ目のオープンイノベーションのポイントだ。

一時はサービス終了も検討したというレオネットだが、トップの英断で継続し、自社がもつ多数の賃貸物件を生かして、IoTビジネスのスケールアップ問題をクリアし、そのネットワークの仕組みをプラットフォームとして、ビジネスエコシステムの構築に成功しつつあるといえる。

★7―オープンイノベーションとは、自社だけでなく他者（企業、大学など）のリソースを活用して効率的にイノベーションを実現すること。3つのオープン化があり、詳しくは本章の後半で解説する。

ケース 9

「メガネ」本業らしさを生かしたIoT化

ジンズ株式会社の事例から

2010 年代に入り、
米国を中心とした IT 企業が開発したスマートグラスが
新しいウエアラブル・デバイスとして注目を集めていた時期があった。
しかし、保守作業支援など産業用での実用化は徐々に進んでいるものの、
一般消費者向けにはブレークしなかった。
メガネ専業メーカーのジンズは、
従来のスマートグラスとは異なる視点で開発を行い、
ビジネス化とともにさまざまな社会課題解決への応用を探っている。
どのような戦略と実装を描いているのかを紹介する。

既存製品にＩｏＴを活用することが新商品の開発につながり、企業のビジネスモデルを変える可能性を示している事例がある。

「J!NS」ブランドで知られる株式会社ジンズ（以下、ジンズ）は、２０１５年にセンサーを搭載したスマートグラス[★8]「ＪＩＮＳ ＭＥＭＥ」（ジンズ・ミーム）を発売した［図4-2］。スマートグラスの「メガネ」としての装着感について徹底的にこだわり、かけ手に不自然さを感じさせないようデザインしたとのことだが、それに加えて生活・働き方支援をテーマにした意欲的な新種のウエアラブル・デバイス[★9]となっている。

1 メガネがヘルスケア端末になる

ＪＩＮＳ ＭＥＭＥはメガネのフレームの部分に加速度センサー[★10]やジャイロセンサー[★11]および独自開発の３点式眼電

図 4-2 ★ JINS MEME

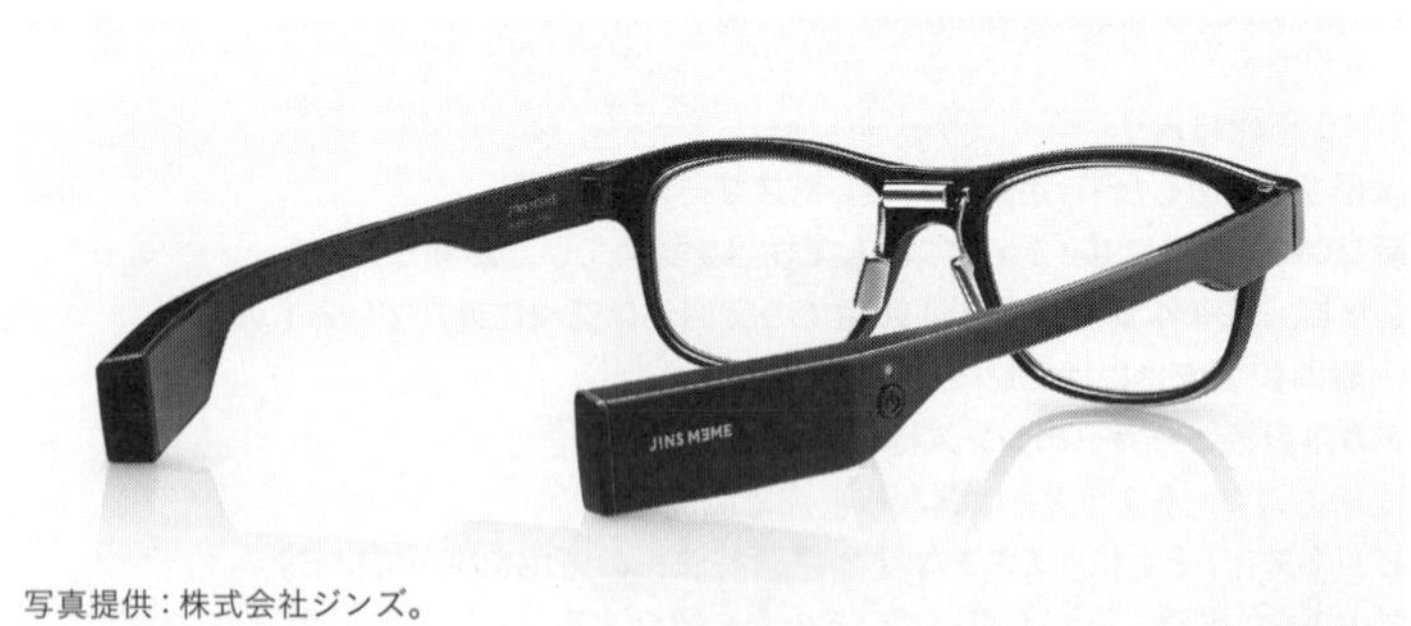

写真提供：株式会社ジンズ。

位センサーを搭載している。「眼電位」とは目の動きに合わせて周辺の皮膚から発生するかすかな電位差のことで、これを測定することで、まばたき、目の動きなどを記録できるという。各センサーデータはリアルタイムにスマートフォンの専用アプリケーションに送られ、そこで解析される。解析されたデータから、眠気の可能性や集中力、身体の傾きなどを数字やグラフで把握することができる。

例えば車を運転中に、眠気を示すパターンを感知した場合、スマートフォンがアラームを出すこともできる。アラームが鳴ったら、居眠り運転の予兆だと受け止めればよい。さらに集中力の度合いも示すことができる。

こうしたセンサーを備えたウエアラブル・デバイスが広く普及すれば、データ解析は単に個人のヘルスケアに役立つだけでなく、仕事のありようも変わるかもしれない。例えば変則的なシフト勤務になりがちな長距離運送ドライバーやバスの運転手の体調管理や安全運転維

★8―メガネにさまざまなセンサーを組み込み通信機能をもたせたIoTデバイス。ジンズでは〝アイウエア〟と呼ぶ。

★9―身につけることができるタイプの小型コンピュータ。

★10―加速度センサーはスマートフォンなどにも搭載されているが、JINS MEMEのものはXYZ3軸の方向への動きを測定することができる。

★11―ジャイロセンサーは傾きを知るためのもので、JINS MEMEでは体の傾きを知るために用いられる。

持に間違いなく役立つだろう。

また、デバイスが送るデータをビッグデータとして捉えることで、組織の働き方や集団の健康状態を把握することができるようになるかもしれない。

一見、ＩＴとは無縁に思えるメガネメーカーが、ＩｏＴ活用によって人間の生体情報の収集と分析を通して新たなサービス事業を生み出しつつある。

2 オープン化でさらに加速するイノベーション

ＪＩＮＳ ＭＥＭＥの開発で興味深いのは、一般発売に先駆けて大学の研究者など社外の開発者に向けて、製品とデータ解析ソフトウェアをセットにした安価なアカデミックパックを有償で提供したことだ。開発者はアカデミックパックを利用して、着用者の眼電位やセンサーのデータを直接取得するアプリケーションを開発することができる。また、ＪＩＮＳ ＭＥＭＥアプリケーション開発環境であるＪＩＮＳ ＭＥＭＥ ＳＫＤ[★12]も公開している。メガネという形状の特性ゆえ、長時間のデータ取得が負担になりにくい製品の特色を生かし、情報工学・医療・心理学・社会学などさまざまな研究にデータを活用することが期待されている。

すでに研究はいくつかの大学・研究機関で始まっている。目の動きと頭の動きには多くの生体情報が含まれている。例えば、認知症のような精神神経疾患になると歩行状態が乱れることがあるという知見を生かし、認知症の超早期診断への応用が進む可能性がある。教室で学生たちに着用させ、センサーで頭の動きと眼球運動のデータを測ることで、学生の理解度を測定できるのではないかと考える研究者もいる。

こうしたアカデミックな場での研究に活用することで、製品としての可能性を探ることもできる。一つの企業がサービスを独占的に提供するのではなく、広くオープンイノベーションを進めながら、エコシステムを構築していくというプロセスがここでは生まれている。

3　本業を生かしIoT化、オープン戦略で発展

アイウエアブランドであるジンズの場合は、本業であるメガネとしての機能性や装着感が強みであり真似できないコア技術である。数年前にIT企業がスマートグラスに参入してきたが、あくまでもITガジェット[★13]の延長というイメージが強く、長時間使用するメガネとし

★12—Software Development Kit. 対象機器のソフトウェア開発に必要な開発ツールなどがセットになったもの。

★13—スマートフォンや音楽再生プレーヤーのようなデジタル機器の総称。

ては改良の余地がある製品が多かった。結果的に一般消費者向けのウエアラブル・デバイスとしては期待されたほど普及しなかった。

その中でジンズは、自社の強みであるメガネ本来の機能性や装着感を損なわせないノウハウをベースに、メガネ型デバイスを活用したさまざまなアプリケーションを提供すべく、JINS MEMEプロジェクトとしてソフトウェア開発ツールを公開してオープンイノベーションにチャレンジしている。また、社会課題解決へのアプローチ★14も行うなどさらなる発展の可能性があり、ジンズのスマートグラスについて今後も目が離せない。

★14―ALS支援プロジェクトへの協力など。

図4-3★JINS MEMEプロジェクト（同社Webサイトより）

【まとめ】

オープン&クローズ戦略とIoT

1 出口と入り口、2つのオープンイノベーション

近年、イノベーション推進の大きなトレンドとしてオープンイノベーションがあり、紹介したレオパレス21とジンズは、それを上手に取り入れているケースである。特にレオパレス21は、2つのオープンイノベーションを適切に使うことで、ビジネスエコシステムを実現し、自社のサービスを強化することに成功している。

本節ではオープンイノベーションおよびその戦略の1つであるオープン&クローズ戦略について解説する。グローバルな厳しい競争の中で優位に立つには、スピードこそが肝要であることは述べた。コア技術の研究開発から事業展開まですべてを自社内で行うのでは、スピードアップに限界がある。IoTイノベーションを実現するためには、外部のリソースをいかに活用するかが重要であり不可避であろう。すなわち、ある部分では自社のコア技術の強化を図って外部の技術や人材を取り込み、自社のポジションを確固たるものにする。製造や展開（販売や応用）については、パートナーを活用することでコストやリスクを削減しつつ急速にスケールアップする必要がある。

オープンイノベーションとは自社だけでなく、企業や研究機関、個人のプログラマーなど

社会のさまざまな業種や立場のアイデアや力を利用してイノベーションを起こすものだ。大きく分けて2つのアプローチがある。1つは「入り口のオープン化」、もう1つは「出口のオープン化」だ。この2つはアプローチが全く異なるが、企業が自社のコア技術を核に成長するためにはいずれも重要だ。

自社の技術を外で事業化する「出口のオープン化」

出口のオープン化とは大企業などが、自社で開発した技術をベースに社員が創業する企業発ベンチャーや他社への技術ライセンスなどを活用し、小回りの利く形でコア技術を社外で事業化し、自社本体ではビジネスを直接手掛けない形で収益化を図るものだ。これは本業の研究開発の過程で副産物として本業から離れた技術が生み出された場合などにみられる。富士通の社内ベンチャー制度を活用して2006年に起業した量子ドットレーザー技術に基づく光デバイスのベンチャー企業「QDレーザ」が好例だろう。

ただし、2018年現在、出口のオープン化は国内では下火になりつつある。これは今世紀初頭までの日本企業では、まだ企業体力として基礎研究を行う余裕があったことが背景にある。各企業は、自社の研究部門でさまざまな基礎研究を行う余地があり、そこで生み出された(その企業のメインストリームにはならないが)よい技術を捨てるのはもったいないので、社外で事業化することがあった。しかし、現在では企業に予算や人的な面で余裕がなくなり、実感としてそのような動きは減りつつある。

ただ、まったくそのような動きがなくなったわけではない。

「日本経済の失われた20年」といわれる経済的逆風の中、ソニーは新規事業創出プログラム「Seed Acceleration Program」（ＳＡＰ）を２０１４年から開始した。ＳＡＰでは、ソニー社内のさまざまな部門の人材のコラボレーションやベンチャー企業との連携による既存の事業領域外の新規事業の立ち上げを推進している。かつてウォークマンや旧型アイボで示したような、意欲的なソニースピリッツを感じさせる液晶マルチリモコンやデジタル・トイなどの製品を、ネット販売とクラウドファンディングを活用し生み出している。これこそ新しい形での出口のオープン化といえるだろう。

自社を強化するための「入り口のオープン化」

では入り口のオープン化とはどのようなものか。

図 4-4 ★出口・入り口のオープン化

	出口のオープン化	入り口のオープン化
概要	●大企業などが開発した技術を外部で事業化する	●M＆Aなどを使い自社内で開発することなく、自社のコアテクノロジーを強化する
企業の例	●ソニー（SAP） ● 富士通（QD レーザ）	●Google（AI、自動運転他） ●IBM（データ分析・最適化他） ● トヨタ（ロボット、AI、ソフトウェア他）

これは企業の事業戦略に基づき、自社のコア技術をさらに強化し弱点を補強するため、企業買収や人材採用を通じて外部から必要な技術やリソースを導入する戦略だ。自社ですべての開発を行う時間がない場合に有効であり、スピードが重要とされるIoTイノベーションでは不可欠だ。

グーグルが短期間でネットビジネスの巨大企業になったのは、写真ソフトウェア関連のピカサ、動画配信のYouTubeなどの企業買収によるものであるし、かつてはクローズド（自社内）イノベーションで成功したIBMもBAO（ビジネス・アナリティクス・アンド・オプティマイゼーション）★15を強化するために2008年以降にSPSSやILOGなど100社以上の企業を買収した。最近では、トヨタなどの自動車メーカーやパナソニックなどの電機メーカーもAIベンチャーの買収や提携で熾烈な競争を繰り広げている。しかし、オープンイノベーションだからといって、すべてをオープンにすればよいというものではない。競争で優位に立つために、どこをオープンにして外部のリソースを活用し、どこを自社の強みとしてクローズすべきだろうか。次の項ではこの「オープン&クローズ戦略」について述べたい。

★15―Business Analytics and Optimization. ビジネス分析や最適化支援を行うサービスのこと。

2 経済グローバル化とデジタル化に対応したオープン&クローズ戦略

東京大学政策ビジョン研究センターの小川紘一氏は『オープン&クローズ戦略』（翔泳社、2014年）で、IoTにおけるオープン&クローズ戦略の重要性について次のように述べている。

「オープン戦略」とは、製造業のグローバライゼーションを積極的に活用しながら、世界中の知識・知恵を集め、そしてまた自社・自国の技術と製品を戦略的に普及させる仕組みづくりを指す。一方「クローズ戦略」とは、価値の源泉として守るべき技術領域を事前に決め、これを自社の外あるいは自国の外へ伝播させないための仕組みづくりのことである。

この2つを組み合わせながら、大量普及と高収益をグローバル市場で同時実現させるのがオープン&クローズ戦略である。

それではオープン&クローズ戦略が登場した背景についてみてみよう。20世紀末から今世紀初頭にかけて発生した2つの出来事の影響が大きいと小川氏は指摘している。

①世界中のマーケットとリソースが容易にアクセスできるようになった

冷戦終結により東西両陣営間の情報遮断が消滅し、人的交流が活発化しただけでなく、旧東欧やＢＲＩＣｓなど新興国の巨大なマーケットが出現した。さらにインターネット関連技術の発達とパソコンの低価格化による普及、今世紀になってからはスマートフォンの普及による相互コミュニケーションの容易化でさまざまなレベルでのボーダーレス化が進み、世界中の経営リソース★16の活用が容易になった。

②デジタル化により技術やノウハウの再利用が容易になった

製品・サービスのデジタル化・ソフトウェア化による技術やノウハウの再利用が容易になり、モジュール化★17やコンポーネント化★18が大きく進展した。そのモジュールやコンポーネント

★16―ここでいう経営リソースには、技術や人材の「知識リソース」、受託製造サービスなどの「製造・調達リソース」、販売パートナーや応用製品・アプリ開発の「展開リソース」がある。

★17―モジュール化とはプログラムやシステムを構成する要素をいくつかの部品（モジュール）で組み上げる概念。パソコンやスマートフォンなどハードウェア製造からソフトウェア開発まで幅広い分野で用いられている。モジュール自体は単体で特定の処理を行う機能をもち、それらを組み合わせることで1つのプログラムやシステムになる。モジュールを何らかの標準に合わせて作成すれば、モジュール同士を組み合わせた際のすり合わせが不要になるなどメリットがある。

★18―コンポーネント化はモジュール化とほぼ同様の考え方で、ソフトウェア分野において、やりとりするデータ・制御形式を共通化したプログラムやＷｅｂサービスなど複数のパーツ（コンポーネント）を組み上げて1つのシステムにする際に利用する。

を利用することで、誰でも高度な製品・サービスが開発・提供できるようになった。結果としてこれまで日本企業が得意であった自社で人材や技術やノウハウを囲い込み、組織のすり合わせの能力で他者が容易に真似できない製品・サービスを開発・提供するという、すべて自社でまかなう垂直統合型のビジネスモデルが電子産業などで機能しなくなってきた。

この影響を受けた製品分野の例として、テレビ製品の栄枯盛衰をみるとわかりやすいだろう。アナログテレビにおけるブラウン管やチューナーなどの部品間の微妙なすり合わせには、経験豊かな職人的な技術者がもつ暗黙的なスキルやノウハウが設計・製造に欠かせなかった。このスキルやノウハウを組織として蓄積していたフィリップスやソニー、松下電器（現パナソニック）、東芝など日欧メーカーが20世紀後半には市場シェアの大部分を占めていた。

しかし、テレビのデジタル化がこの状況を一転させてしまった。現在のデジタルテレビは、液晶パネルとデジタルチューナー、電源部等をそろえ、規格化された各ユニットを接続するだけで製品として販売できるようになった。つまり職人の暗黙知によるすり合わせがなくても誰でも容易にテレビを作ることができるようになったのだ。今世紀に入って世界各国で行われた地上デジタル放送化により、アナログテレビからデジタルテレビに市場ニーズの主流は置き替わり、結果として日欧メーカーはテレビ市場でのシェアを大きく縮小することになった。

現時点でアナログ的な暗黙知やすり合わせが必要とされる製品ジャンルには、光学系や手ぶれ補正など精密な機械制御が求められる高級デジタルカメラ、複雑な光学系と紙送りの仕組みをもつ多機能コピー機、エンジンや車体の設計などに多くのノウハウを求められる自動車などがあり、これらのジャンルではいまだに日本メーカーは大きな世界シェアをもっている。

しかし、製造業全体、そして前述の日本が競争力をまだ保っている分野でも各所にデジタル化への流れがあるのは否めない。例えば、自動車産業も電気自動車や自動運転車へのシフトでデジタル化が加速するのは明らかだ。さらにすべて自社でまかなう垂直統合型のビジネスモデルはその多くが前時代的な存在となった。よりスピードとコストパフォーマンスに優れたオープンイノベーションを活用するとともに、新しいエコシステムをどのように利用するかを考えなければ、多様なイノベーションとその収益化は困難な時代となった。

この状況の中、エコシステムとして、自社の競争力の源泉としての強みをいかに「クローズ」にして、他者のリソースを活用したい部分をいかに「オープン」にするかを戦略として考えることが重要になってくる。

オープン&クローズ戦略を使いこなす企業

オープン&クローズ戦略のもとでは、例えば自社の技術や特許について、他社に対して何を公開し、何を公開しないかを決め、市場における主導権を握ることが重要だ。そこで特許確保を目的とした、戦略的かつ大規模な企業買収も手段となる。例えば２０１１年のグーグルによる通信機器開発企業モトローラ・モビリティ買収による特許取得が好例となる。

自社の安定した成長のためには、市場における優位点をいかに獲得するかが重要だ。そのために技術のオープン＆クローズの主導権を自社がもち、さらに市場のルール決定においてイニシアチブをもつことが市場における勝敗を決める。

具体的にはどうするか。自社のコア領域をクローズ部分とし、知財戦略として守る、あるいはライセンスを他社に与えつつ、その外側の領域に存在するオープン市場に対しては次の3つの働きかけを行う。

①知識リソースの取り込み

企業買収や人材採用などを活用し、世界中の「知識リソース」（技術やノウハウ）を自社のクローズ領域に取り込み、コア技術の競争力を強化する。前述した入り口のオープン化であり、最近の大企業によるＡＩベンチャーの取り込みはその典型である。また、日本では優秀な研究開発人材を一挙にたくさん集めるのは難しいが、近年は、ＩＴ人材を数百人、数千人単位で集めることも可能なインドに研究開発の拠点をもつ企業が増えている。これも世界中の「知識リソース」活用の一つの流れである。

②展開リソースの活用

自社の競争力の源泉のコア技術は隠しておき、外部から利用するためのインターフェースのみをオープンにする。それを世界中にプラットフォームとして提供し、グローバルな市場で利用し展開してもらう。利用展開してくれる企業を「展開リソース」と呼ぶ。例としてはインテルがチップセット★19を提供することにより、世界中の誰でもインテルアーキテクチャのパソコンを作れるようになったことだ。チップセットを使わせるための工夫としてパソコンの周辺規格を標準化し、チップセットだけを購入して組み立てれば技術力のない企業でもパソコンが作れる仕組みをつくり上げた。インテルを採用する多くのパソコンメーカーは厳しいグローバル競争に陥るが、結果としてパソコンの低価格化が進み、パソコンが世界中で誰でも利用できるようになった。すなわち、インテルは自ら厳しいパソコン市場に参入することなく、「展開リソース」をうまく活用したのだ。自転車の部品メーカーであるシマノも同じビジネスモデルで成功している。

③製造・調達リソースの活用

製品・サービスの開発のスピードアップとリスク回避には、「製造・調達リソース」の活用も重要である。近年は、世界のＥＭＳ（電子機器受託製造サービス）が大きな存在感を示し、

★19―コンピュータのマザーボードに搭載されているＣＰＵから、各機器への橋渡しとなるさまざまな機能を１つまたは複数のチップにまとめたもの。

自社で工場をもたずに設計だけを行い、ＥＭＳに製造を委託する企業も多い。アップルはその典型だ。アップルのコア技術はｉＯＳなどのソフトウェアとユーザーインタフェースを含むデザインおよびブランドであり、そこはクローズにしながら、製造は外部のリソースを活用する。しかし、単純な製造の丸投げではダメであり、製造の知識を知り尽くし、自社の工場のように委託先の企業を活用する「調達エンジニアリング」がカギとなる。

本章で取り上げたレオパレス21とジンズをオープン&クローズ戦略の視点でみてみよう。まず、レオパレス21の強みはなんといってもすでにもっている賃貸物件（約57万戸）であり、その居住者だ。ＩｏＴを活用した賃貸物件のスマートホーム化においては、パートナー企業のソフトウェアやシステムの導入など「製造・調達リソース」をうまく活用しつつ、独自の仕組みを作り、それをプラットフォームとして外部に提供することで、そのプラットフォームを利用したい企業を展開リソースとして呼び込んでいる。

一方、ジンズの強みは、メガネメーカーとしての機能性や装着感である。ジンズにとっては新しい分野であるＭＥＭＥの事業化においては、外部から適切な人材を「知識リソース」として集めやすくするとともに、ＭＥＭＥを活用するアプリケーションに関してはＡＰＩやＳＤＫを公開し、大学の研究者やソフトウェア開発者などの一般の開発者を展開リソースとして巻き込むオープンイノベーションにチャレンジしている。

エコシステムを利用して進化のスピードを得る

ここまで取り上げた企業は大手企業や、ある特化した分野で強い事業・顧客基盤（プラットフォームのベース）をもった企業といえる。では、プラットフォームのベースをもたない中堅・中小企業がオープン&クローズ戦略で主導権をとって動くことは可能だろうか。

正直なところ、よっぽど重要なコアテクノロジーを抱えていない限り、オープン&クローズ戦略で自らプラットフォームを提供し、エコシステムを構築するのは難易度が高い、というのが実態だ。となると中小企業は、既存のエコシステムをどう活用するかが重要になってくる。

例えば第2章のケースで紹介した武州工業、今野製作所、光栄、小林製作所は、自社に最適なシステムを自ら開発したことが成功のカギであった。

ＩＴやＩｏＴのプラットフォームを「製造・調達

図 4-5 ★オープン&クローズ戦略の概念

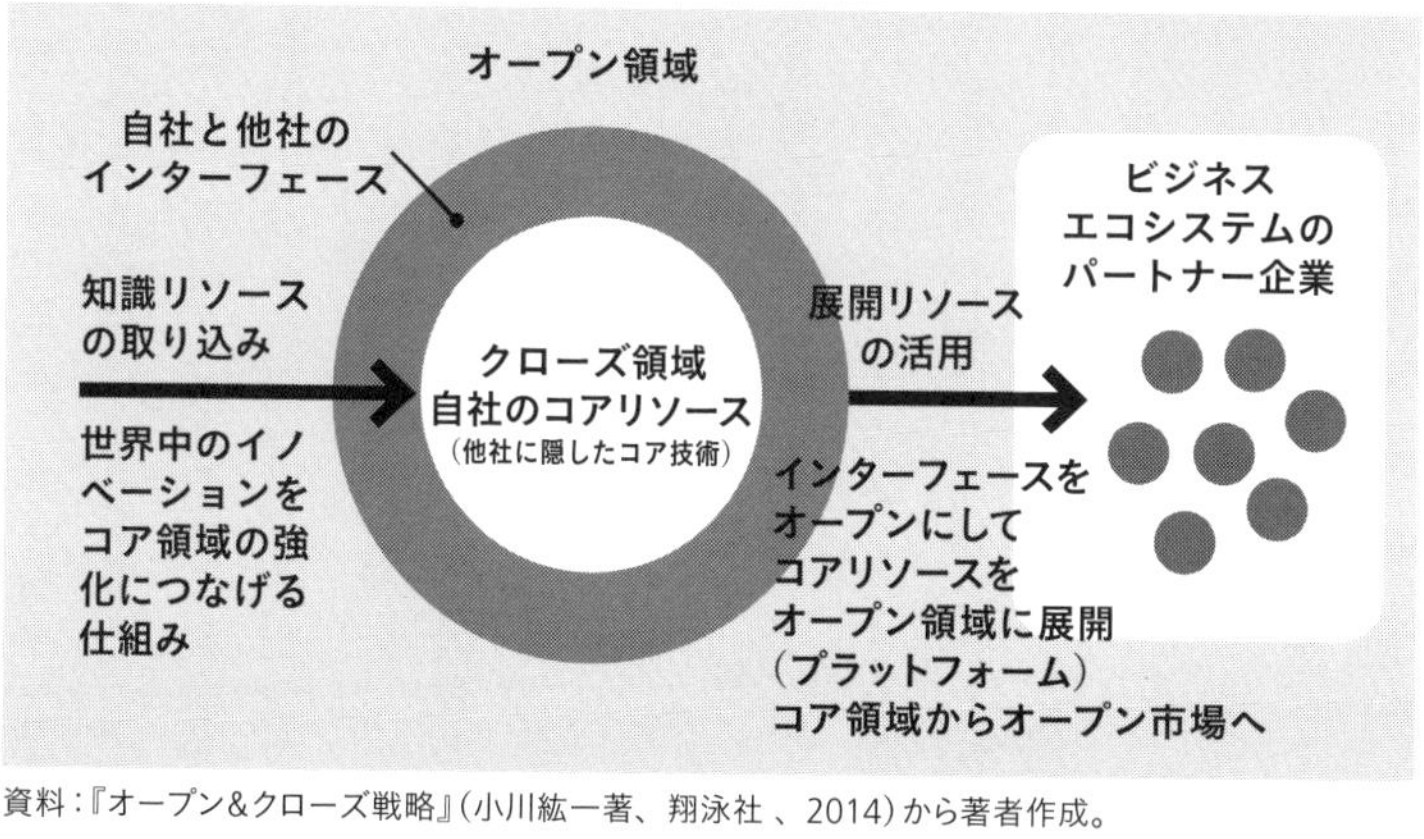

資料：『オープン&クローズ戦略』（小川紘一著、翔泳社 、2014）から著者作成。

リソース」として利用することで、中堅・中小企業が自社でＩｏＴのシステムを構築することが昔に比べてはるかに容易になっている。そして、そのシステムを他社と共有することのメリットもある。今野製作所は、協業という形で企業３社による各社の生産管理システムを連携させる仕組みを築き、受発注システムのためのデータ共用化など企業連携の仕組みを構築した。

中堅・中小企業の場合は、自らがプラットフォーマーになることは難しくても、既存のプラットフォームやエコシステムを利用することで、「他社を圧倒する進化のスピード」を実現し、競争力につなげることができる。

個人参加も可能なコミュニティー型イノベーション〈第３のオープン化〉

過去のイノベーションの多くは、自らリスクを取り新しいビジネスにチャレンジする起業家や、大企業に属し社内外のリソースを活用できる開発チームなどが起こしてきた。しかしここ数年、企業や組織に属していても、個人としてイノベーションを起こすということがみられるようになってきた。それがコミュニティー型イノベーションである。

本項はじめに「オープンイノベーション」で述べたような、「出口のオープン化」を第１の、次に「入り口のオープン化」をそれぞれ第２のオープン化とすれば、コミュニティー型イノベーションによる新製品や新サービスの開発は、第３のオープン化と定義してもいいのではないだろうか。

この第3のオープン化こそ、ソーシャルメディアによる連携を利用することで、誰でもイノベーションを起こすことが可能になった状況の到来を示している。「メーカームーブメント」[20]や「二枚目の名刺」[21]もコミュニティー型イノベーションの潮流の1つだ。

誰でも開発に参加可能なソフトウェアの開発手法を「オープンソースプログラミング手法」と言うが、それらオープンソースによるイノベーションを代表するものとして、コンピュータOSであるLinuxやプログラミング言語、グラフィックツールなどさまざまなオープン

図 4-6 ★コミュニティー型イノベーションは第三のオープン化

コミュニティー型イノベーション
定義：個人が組織に属しながら組織の垣根を越えて自由に集まり、それぞれの専門性を生かして新しいアイデアを具体化し、それを社会実装し、継続的な収益化または社会に大きな影響を与えるプロセス。
支援の仕組み：ハッカソン、アイディアソン、フューチャーセンター、ファブラボ、リビングラボ、クラウドファンディング、クラウドソーシング、など

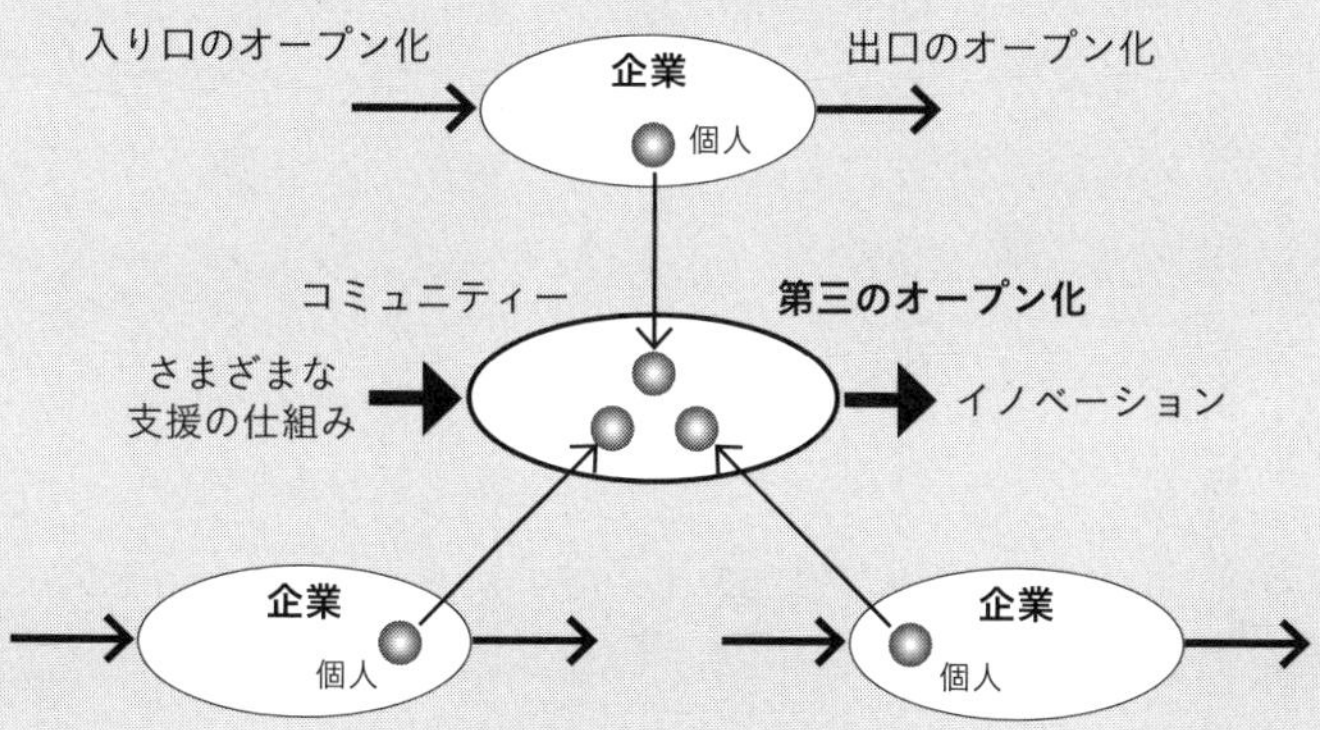

ソースが世の中に大きなインパクトを与えている。そして3Dプリンターやカード型コンピュータ「ラズベリーパイ」の登場で、従来のソフトウェアだけでなくハードウェアに関してもオープンソース化によるイノベーションを起こす下地が整ってきた。これらを前提にクラウドファンディングなどインターネットで呼びかけることで、個人やグループでも世界中からアイデアや資金を集めることが可能になっている。

2000年代初頭、ベンチャーによる起業ブームがあった頃は、インキュベーター、すなわち起業支援者の存在の有無が事の成否において重要だった。インキュベーターから支援を受けるにはビジネスモデル・ビジネスプランについてかなり綿密な計画を提出する必要があった。しかし最近は違う。クラウドファンディングにより、ビジネス実績の少ない個人や小規模なグループなどでも多くの人からの幅広い集金が可能になった。さまざまな環境変化により起業のバリアは大きく下がっている。

第3のオープン化はクラウドファンディングなどの力を使うことで、今後より一掃活発化していくだろう。

★20―メーカームーブメントとは、3Dプリンタやソフトウェアツールを活用することで、個人やグループでも「製造業（メーカー）」になれる製造業の民主化の潮流を指す言葉。
★21―二枚目の名刺とは、企業に勤務して一枚目の名刺を持ちながら、本業とは別に個人やグループで起業などを目的に活動することを意味する言葉。

第4章 Chapter

point

- ＩｏＴビジネスには他者を活用するオープンイノベーションが不可欠である
- グローバル化とデジタル化の時代にはオープン&クローズ戦略が成功の鍵
- オープン&クローズ戦略で自社の強みを生かし３種の外部リソースを戦略的に活用する

第5章 IoTイノベーションに立ちはだかる困難を乗り越える

Chapter

キーワード

農業IoT
6次産業化
ネットとリアルの融合
人材マネジメント

ＩｏＴによるイノベーションを実現する際、さまざまな困難が現れる。アイデア・構想から技術とシステムを開発し、製品・サービスとして実現し、スケールアップしていくときに立ち現れる困難は、技術面、市場・顧客面、事業・エコシステム面、組織面など多岐にわたる。本章では、事例分析と取材を通じて、ＩｏＴ導入に成功したさまざまな組織が困難をどのように克服してきたかについて紹介する。

ケース 10

「ベテランの技」をIoT化、イチゴ通年栽培を実現

農業生産法人 株式会社GRAの事例から

ＩｏＴの利用は、私たちの社会のさまざまな分野に及んでいる。
例えば農業分野についても独自の利用が始まっている。
今回紹介する株式会社ＧＲＡは、
農業へのＩｏＴ導入を震災復興のために役立てながら
単に復興にとどまらず、農業改革に挑戦している先駆者だ。

1 大震災からの復興をバネにIoT化推進

株式会社GRA（以下、GRA）は宮城県山元町にあるイチゴ栽培を行うベンチャー企業である。わずか社員3名で起業したベンチャーがIoTを活用することで、震災復興とイチゴでの自社ブランド確立に成功した。

太平洋岸の平野部に位置する山元町は2011年（平成23年）3月11日に発生した東日本大震災の津波で壊滅的な被害を受けた［図5-1］。多大な人的経済的被害に加え、浸水範囲が同町総面積64・48平方キロメートルの37・2％にあたる24平方キロメートルにまで及んだ。山元町は第1次産業従事者が多い農業地帯で、その中の主要品目がイチゴ栽培であり、約130軒の農家が従事していた。しかし、津波によってその9割の農地が壊滅してしまった。

山元町出身で東京でベンチャー企業を経営していた岩佐大輝氏が、故郷の惨状を知り、復興支援とともに継続的にイチゴの出荷が可能なシステムを作るために立ち上げたのがGRAだ。

2011年のGRA発足当時、山元町でのイチゴ栽培にはいくつかの問題点が存在した。まず、農地が津波で文字通り破壊されていたこと。そしてこれは山元町だけの問題ではないが、農業従事者の高齢化や担い手の不足があった。さらにイチゴ栽培固有の問題として従来の生産方式では、収穫量について営農者個々人の技量に負うところが多く、品質や収量の安定性に不安もあった。

　また、一般的にイチゴの通年栽培は、標高差や緯度の差を利用して行われるため、複数の栽培拠点が必要になる。近年はＬＥＤ照明による完全閉鎖型植物工場などでの生産も行われるようになってきた。完全閉鎖型植物工場は病虫害に強い

図 5-1 ★山元町の被災状況（同町 Web サイトより）

などのメリットもあるが、高額の初期投資を必要とし、採算に厳しい面もあり、まだ一般的な生産手法になっていないのが実情だ。

2 イチゴ栽培を6次産業化へ

そんなときGRAは、震災復興事業として、品質と生産性を両立させるイチゴ栽培を主眼とする事業をスタートさせた。岩佐氏のビジネスノウハウとIT知識、地元農家がもつ営農ノウハウの合体による単なる復興にとどまらない、6次産業化★1のモデルとなる創造的な事業への取り組みだ［図5-2］。

具体的には温度管理や水やりなど営

図5-2★GRAプレスリリース（農林水産省Webサイトより）

平成27年10月現在

ICTを取り入れた先端技術でイチゴづくり
（株式会社GRA）

＜法人の概要＞
所在地：宮城県亘理郡山元町山寺字桜堤48
設　立：平成24年1月
資本金：3，420万円　　売上高：1億5，076万円（平成26年）
役　員：3名（うち農作業従事2名）
従業員数：13名、パートタイム35名（うち農業従事者46名）
イチゴ本圃面積：12，300㎡　営農作物：イチゴ，トマト
農業開始時期：平成24年10月

施設外観

高設ベンチ

＜農業参入に至った経緯・動機＞

農ノウハウ（暗黙知）を見える化・データ化し、IT導入による栽培制御の実施による通年栽培の実現と雇用の安定化を目指した。同一立地での通年栽培が実現すれば、安定したイチゴ供給が可能になり、イチゴの消費地である大都市圏でのブランド確立にもつながる。このため一季成り★2の冬春イチゴを通年で栽培するための通年栽培ハウスを開設し、温度や日照時間等を、IoT化を含めたIT技術で適切に管理し、病害虫の徹底対策を行った。さらに今までは難しいとされてきた夏イチゴ（一季成り）の栽培をスタートさせた。

これらを実現するため、IoTセンサーと制御システムを導入、ハウス内の温度、湿度、CO_2（二酸化炭素）濃度、日照量、灌水量、施肥量、さらに風向きや雨量に応じて天窓を開閉して通風を管理することなど栽培条件の数値化とデータ蓄積が行われた。データ蓄積と営農現場へのフィードバックにより栽培ノウハウを確立したGRAは、2012年冬に「ミガキイチゴ」のブランドネームで1粒1000円の高級イチゴを首都圏で発売し、完売するという快挙で注目された。ピンチをチャンスに、というフレーズはよく

★1―6次産業化とは、1次産業（農林漁業）×2次産業（工業・製造業）×3次産業（販売・サービス業）の1×2×3＝6を意味し、農業生産者など従来の1次産業従事者が、食品加工から流通販売まで一貫して行うというもの。
★2―イチゴの品種には、年に一度、短期間しか収穫できない「一季成り」と、年間を通して長期間収穫できる「四季成り」の2つがある。一季成りのイチゴでも栽培環境を上手にコントロールすることで長期間収穫できるようになる。

聞くが、IoT活用でここまでの成果をあげることができたことは特筆に値する。さらにこの技術を利用し、同社ではより大規模な生産施設として、イチゴの通年栽培施設を建設、イチゴ狩りなどの体験サービスも提供し、6次産業化的な展開を実現しようとしている。

現在、日本国内では営農者の高齢化や農業地域の限界集落化を背景に、離農や耕作地放棄が社会問題化している。その解決のための答えの一つがここにある。

3 ケースからみる困難を乗り越えるポイント

では、GRAはIoT導入に際して、どのように困難を乗り越えて事業を拡大できたのだろう。ここで詳細に分析してみたい。

課題と目標と提供価値は明確か

GRAの場合、東日本大震災で壊滅した地域の復興という動機からスタートしたが、単なる復興ではなく「日本一、世界一」を目指し、山元町の名産品であった「イチゴを武器に一点突破」という明確なビジョンと目標があった。また、マーケティング的にも日本人が大好きなイチゴには大きな勝機があるという計算があった。

課題は、イチゴの出荷が冬・春で不安定なイチゴ農家の経営の安定化と、病虫害や天候不順等でも安定生産が可能なイチゴ栽培の仕組みの実現などである。その課題を解決する手段がＩｏＴの活用であった。最初にＩｏＴ導入ありきではなく、明確な目標を実現する手段としてＩｏＴを導入している。そこから得られる価値は次のようなものだ。

第１に属人的なベテラン農家の知見をＩＴによりデータ化・可視化し（暗黙知から形式知へ）、安定して高品質のイチゴを生産・出荷できるようになる。

第２に長時間労働や休日が取りにくい労働集約型であった作業形態を、ＩｏＴ導入によって可能な限りの自動化・省力化により改善・解決できる。

ＩｏＴでどのように実現するか

ハウス内の温度、湿度、CO_2濃度、日照量、灌水量、施肥量をセンサーで収集し、栽培条件のデータを蓄積し、数値化することでベテラン農家の暗黙知を形式知化した。この知識に基づき、風向きや雨量に応じて天窓を開閉して通風を管理する制御システムを実現させた。

ここで重要なポイントは、単にセンサーデータを収集するだけでは不十分で、データと栽培状況をみながら人間が徹底的に議論し、試行錯誤で改善し、その結果を知識化することだ。

事業化において他者をどのように活用したか（オープンイノベーション）

農業ＩｏＴのシステムに関しては、選択肢は増えてきているので、その中で何を使うのかを決定する必要がある。ＧＲＡは創業者が東京でＩＴ企業を経営していた知見を生かし、今回の事業に最適なオランダで開発されたシステムを導入した。一方、イチゴ栽培のノウハウやブランディングに関しては、専門家の知識を最大限活用している。

どうやって事業を発展させたか

本事例の大きな特徴はスピードだ。短期間のうちにさまざまなことにトライして、ＰＤＣＡサイクルを回しながら、小さい規模から事業を発展させていった。その過程を時系列で並べてみよう。

まず面積50平方メートルの小さな温室を２つ建設した。

そしてハウス内の湿度や温度だけでなく、CO_2や日照量、さらにハウス外の天候なども考慮して温室の窓を開閉し、栽培条件を数値化、データ化した。

数値化した栽培データを解析し、イチゴの生育に最適な条件を見つけ出した。見つけ出した条件をすべてＩＴで制御し安定した栽培を実現するシステムを導入した（目標とする栽培技術の獲得・実装）。そして、イチゴの出荷を震災以前の冬季と春季（促成栽培）だけでなく、同一の栽培地での通年出荷を実現（首都圏の菓子店への販路、ブランド確立）。これには土地の確保

や設備投資を1カ所に集約できるメリットがある。[★3]

栽培技術を確立した後、農林水産省「被災地の復興のための先端技術展開事業」の助成など複数の助成金を活用し、合計2・3ヘクタールのイチゴ栽培農場をもつに至った（助成金の活用）。さらに自社のイチゴ栽培が軌道に乗るとその栽培ノウハウの販売を始め、また、海外への事業展開にさらなる可能性を見いだし、インドでのイチゴ栽培ビジネスを開始した。

GRAの事業が発展していく過程を分析してみると、いろいろ困難もあったと思われるが、それを乗り越えて成長している。農業IoTには課題や阻害要因が多々あるが、GRAのケースは大いに参考になるだろう。

農業ビジネスの阻害要因と対策

一般に農業ビジネスの阻害要因にはどのようなものがあるだろうか。

本ケースに競合する営農システムの一つ、植物工場の場合、存在する工場の75％が赤字だといわれている。設置コストなどの初期コスト、完全閉鎖型植物工場であればLED照明の電気代、用地代や人件費の負担が重くのしかかる。さらに工場で生産可能な植物のサイズ、価格などの諸条件が、植物工場の採算や運営の難易度を高めている。日本国内で露地栽培の

★3――栽培地の緯度・標高差による通年栽培は以前からあったが、複数の土地の確保が必要な上、天候による収量不足・病虫害の問題がある。

イチゴは1キログラム当たり1000円前後で取引されているが、国内で販売されている完全閉鎖型植物工場の高級イチゴは1粒500円から800円程度の値付けで販売されている。それでも赤字なのだ。

一方、GRAが作り上げたIoTイノベーションによる生産設備は、太陽光を利用した温室をベースにし、温度管理にIoTによるシステムを利用することで、既存の植物工場よりコストを抑えることに成功している。また、温室2棟という小さな規模から始め、そこに既存の営農ノウハウをIoT化し、IT知見を生かして適切な栽培管理ソフトウェアを探し出し導入したことも競争力を高めた要因だ。そしてブランド化に成功した同社のミガキイチゴは1粒1000円という価格を達成している。

農業ビジネスとしては、イチゴという商材の選択もよかった。ケーキなどの食材として通年で需要があり、国内の端境期（秋）には輸入されるほどで、年間を通して比較的高額で取引されている。

GRAのケースで、困難を乗り越え事業が発展していったポイントは次のようになる。まず、イチゴ栽培における高い品質の実現と省力化の推進というIoT導入の目的が明確であったこと。そして震災を経験した岩佐氏の人を巻き込むビジョンと強いリーダーシップがあったことだ。

GRAはさまざまな専門家を巻き込みながら、圧倒的なスピードとアジャイル性（素早さ）

をもつ組織だった。中途半端でなく徹底して、イチゴの品質を追求しブランド化を目指した。ＩＴ企業経営の経験を生かし、課題解決のために最適なシステムを導入している。

さらに、データを蓄積するだけでなくデータを活用して、徹底的に議論して価値を引き出している。さまざまな専門家の知恵を借りながらエコシステムを広げ、確立したノウハウをプラットフォームとしてインドなど他の地域にも展開している。

一般論となるが、ビジネスを拡大していく過程で、実証実験レベルの小規模なものでは問題がないようにみえても、商用化・大規模化していくと阻害要因が出現することがある。いわゆるビジネス用語の「魔の川」「死の谷」、そして「ダーウィンの海」のことだ（このあとの「まとめ」のコラム226ページでこれらの詳細を解説している）。

ＧＲＡの場合、最初から規模の大きな事業を始めるのではなく、まずベテラン農家の協力を得てＩｏＴも使わないイチゴの栽培からスタートし、課題解決のために本当に必要なＩｏＴを導入している。初期コストやランニングコストを抑え、ビジネスを小さく始めて、徐々に規模を拡大しながら、ブランド化という方策をとった。このことが、大規模化の過程で出現する阻害要因を回避し、現在の成功につながっていると思われる。

ベンチャーは助成金やインキュベーターの活用を

中堅・中小企業やベンチャーは、企画やアイデアがあっても資金的に厳しい場合がある。

その場合は各種助成制度やインキュベーター（起業支援者）などを活用し、小規模から次第に大きなビジネスにスケールアップしていけばよい。

また、GRAは、農業の担い手の作業負荷の増大や高齢化、さらに震災というトリプルダメージによる営農従事者減少というマイナス要因に直面しながら、震災復興関連の助成や融資を引き金にして成功している。

近年、東日本大震災のみならず熊本地震など地域社会にダメージを与える激甚災害が発生しているが、同様な被災地域のビジネス基盤復興の先行事例としても大いに参考になるだろう。

ケース 11

IoT化の要は現場と研究部門の組織的「共犯関係」

楽天株式会社
執行役員／楽天技術研究所代表・森正弥氏に訊く

楽天は、ネットショッピングモール大手というだけでなく、
デジタルコンテンツやトラベル事業なども手掛け、
携帯電話事業にも参入するという、いまや IoT 活用の巨人である。
その巨人の「頭脳」の一端を担っているのが楽天技術研究所だ。
イノベーション実現のためビジネスの現場と研究開発組織を
どのようにつなげているか、所長の森正弥氏に訊いた。

1 「ネットとリアルの融合」が出発点

日本国内最大級のインターネットショッピングモール「楽天市場」をはじめ、FinTech《フィンテック》（金融サービス）、デジタルコンテンツ、通信、トラベルなど、70を超えるサービスを展開する楽天グループ。国内を代表するインターネット総合サービス会社である楽天が、インターネット技術分野の研究開発部門として2007年に立ち上げたのが、「楽天技術研究所」である。2018年現在、研究拠点は東京、ボストン、サンマテオ、パリ、シンガポールおよびニューヨーク サテライトオフィスの6カ所にあり、コンピュータサイエンスの博士号をもつメンバーを中心に130名以上が在籍している。

楽天技術研究所を立ち上げ、代表を務める森正弥氏は、そのコンセプトとして「サード・リアリティ」を掲げる。「3番目のリアリティ」とは、何を指すのか。

森氏によると、1つ目はフィジカルな実態をもつ現実世界。2つ目は、インターネット上に広がる仮想空間。この2つはしばしば、「ネットとリアル」というように、対立するものとして語られる。例えば、「楽天市場のようなeコマースの台頭に、実店舗を構えるショッピングモールはどう対応するか?」といった話が典型である。しかし、実際のところ、消費者はインターネットのサービスを利用する中で、「ここまでがネットで、ここからがリアル」という区分けをほとんどしていない。

例えば、レストランで提供された料理を写真に撮り、SNSにアップして多数の人たちに見てもらう。野球場で試合を観戦しながら、モバイルサイトで状況をチェックする。そのようなとき、人は「レストランで食事をしている」「野球場で観戦している」というリアルな現実と、SNSやモバイルサイトという仮想空間での体験を、無意識のうちに組み合わせて使っている。デバイスが多様化し、人々とインターネットの接点が増えたことで、こうした「ネットとリアルの融合」は頻繁に起きるようになった。

図5-3★楽天技術研究所代表・森正弥氏

写真提供：楽天株式会社。

こうした流れを受けて、森氏は現実世界と仮想空間を対立軸として捉えるのではなく、融合したものと考え、そこから何かを生み出そうとする。それが、「サード・リアリティ」のコンセプトである。これは、ネットで多くの実績や資産をもつ楽天によるIoT・IoEを活用した新ビジネスへの挑戦である。

う な組織なのだろう。

2 ビジネスとアカデミック、2つの分野と組織をつなぐ研究所

では、このような先進的なIoTへの取り組みを実現した楽天技術研究所は、一体どのような組織なのだろう。

楽天技術研究所の研究ドメイン

楽天技術研究所では、「サード・リアリティ」のコンセプトの下、「パワー」「インテリジェンス」「リアリティ」という3つの研究ドメイン（領域）を設定している。

「パワー」とは、コンピュータの処理能力を上げることが目的で、インフラ、クラウドコンピューティングなどのハイパフォーマンスコンピューティングの研究をする領域だ。

「インテリジェンス」とは、データを使った価値提供が目的で、具体的には、データマイニング（データ分析と新知識の発見）、アプリケーション、レコメンド機能などの研究をする。

「リアリティ」とは、エンドユーザーとの接点の価値向上が目的で、画像処理、音声処理、マルチメディアなどの研究をする。

ユニークなのは、ドメインに沿って研究テーマを決める際に、あえてロードマップをもた

ないところだ。通常、民間企業の研究開発部門では、事業部門から必要な研究テーマを依頼され解決するというパターン、または本社や事業部の長期戦略やロードマップに基づき、要素技術からの新製品・新サービスを研究開発するパターンが多い。楽天技術研究所はそうではなく、研究者の興味や問題意識を重視する。

「ニーズに応えるというのでは、わかりきった研究結果しか出てこない。それをわざわざ博士号をもった研究者を集めてやる必要はない。大事なのは、現状のゲームチェンジにつながるようなイノベーティブな成果を生む研究だ」と森氏は話す。

すでに可視化されている問題よりも、深い専門知識をもつメンバーが自発的な問題意識から始める研究にこそ、イノベーションのタネが眠っていると考えるのだ。

楽天技術研究所の役割は、アカデミックな知見とビジネスの現場という2つの組織をつなぎ、相乗効果を生み出すところにある。研究者にとっては、楽天が早い段階からeコマースの事業に進出し、蓄積してきたデータを見て使うことができる。コンピュータサイエンスについて実績のある研究者でも、実際にビジネスで使われているデータを見たことがない人は大勢いるという。そのような研究者の議論を机上の空論に終わらせず、研究所の基礎研究をAI、IoT・IoE、ドローンなどに応用し、その成果を楽天のビジネスに反映させていくのだ。研究者はデータを扱うだけでなく、事業部と課題をディスカッションし、一緒に研究プロジェクトを進めることもあるという。前述したように、あくまでも「協業」であり、事業部からの「押し付け」でもなければ、研究所で開発した技術の「押し売り」でもない。

そのほか、楽天技術研究所は大学や公的機関に用途限定でデータを公開し、研究に使ってもらってフィードバックを得るなど、産学連携によるオープンイノベーションにも積極的である。

3 広告やドローンデリバリーに生きる技術

「サード・リアリティ」の考えから生まれたIoT技術に、「AR」（拡張現実）と「デジタルサイネージ」（電子看板）を結び付けた「AR-HITOKE」（エーアール・ヒトケ）がある。

デジタルサイネージとARの活用

これはリアル店舗の混雑状態、顧客の属性やSNS上で発信された口コミ、売れている商品などの情報を、デジタルサイネージ（液晶ディスプレイやLEDを用いた電子看板）にスマートフォンをかざして取得するシステムである。例えば、ラーメン屋に行列ができているのは現実では一目でわかるが、ネット上の仮想空間では「どの店に人が集まっているか」が見えにくい。その見えにくい現実を可視化するのが、AR-HITOKEである。

この研究の背景には、屋外の広告ディスプレーなどデジタルサイネージの普及がある。リアルとネットの融合が進む中で、今後ますます、巨大なデジタルサイネージを使って情報を取得したり、ショッピングを楽しんだりする消費行動が増えると思われる。その際、「デジタルサイネージを使っている1人が占有して他の人が使えない」「使用者の情報が周囲の傍観者に見られてしまう」という2つの問題が出てくるだろうと、森氏は指摘する。その解決方法として、ＡＲ-ＨＩＴＯＫＥでの研究から「パブリックな情報を扱うデジタルサイネージと、サイネージを見ている人のスマートフォンをリンクさせて使う」という方法を発展させて開発したのが、双方向サイネージ「ＷａｌｌＳＨＯＰ」（ウォールショップ）である。ＡＲ-ＨＩＴＯＫＥとＷａｌｌＳＨＯＰはCEATEC AWARD 2015のソシャル・イノベーション部門準グランプリを受賞するなど、今後の実用化における広がりが期待されている。

実際に、この考え方を楽天が運営するプロ野球チーム・東北楽天ゴールデンイーグルスの球場に持ち込んだのが、「DYNAMITE BOAT RACE イニング」（ダイナマイト・ボート・レース・イニング）である。これは野球場の巨大ディスプレイをデジタルサイネージに見立てて、ゲームで3万人の観客をつなげるという試みだ。4回裏終了後のイニング間に、イーグルスの選手がキャラクターとなったボートレースのゲームが、球場のディスプレイを使って行われる。観客は応援したい選手を勝たせるためにスマートフォンを連打し、レースに参加する。応援した選手が勝ったらプレゼントがもらえるという、観客参加型のイベントである。

実はこのイベントの真の目的は、デジタルサイネージの広告主に、つながったスマートフォンの先にいる「個人」へのパーソナライズ（一人一人への個別的対応）を考えてもらうための問題提起にある。このように、デジタルサイネージとスマートフォンを使い、マスの情報とパーソナルな情報を結び付けるサービスは、効果的な広告手法として今後ますます普及していく可能性が高いだろう。

このほか、イノベーティブな可能性を秘めた研究として注目を集めているのが、「産業用ドローン」の開発である。２０１６年に楽天が「自律制御システム研究所」（野波健蔵氏が代表を務める、ドローンの研究開発、製造、販売、ソリューションを手掛ける大学発ベンチャー。以下「ＡＣＳＬ」）に出資し、実用化に向けた研究開発を加速した。楽天技術研究所とＡＣＳＬの共同開発で、コントローラーを操作しなくても完全自立飛行で荷物を下ろせる、オリジナルの国産ドローンを作ることに成功。世界で初めてのドローンデリバリーとして、ゴルフ場のコース内で軽食や飲み物、ゴルフボールなどを届けるサービスや、コンビニと組んで福島県南相馬市の住民に商品を届けるサービスなどを実験的に開始している。

デリバリー用途の場合、ドローンには安全に着陸する機能などで独自の技術が必要になる。そこでＡＩによる画像認識や、ビーコンという発信機の研究が生きてくる。ｅコマースでの買い物が増える中、ドローンデリバリーが普及すれば、物流業界で問題となっている人手不足のほか、交通渋滞の緩和といった社会的課題にも役立つだろう。

4 組織のポテンシャルを向上させる「タレント管理型」人材マネジメント

こうした先進的な技術はどのような組織から生み出されるのか。

楽天技術研究所では、あくまでも研究者が主体となってテーマを探す。そこからビジネスの現場とのディスカッションを通して課題を発見し、実用化につなげていく。「研究者が下請けになってしまってはいけない」と森氏は言う。技術を作ってから売り込みにいくのではなく、たとえ最初は実用化の見込みがなくても一緒に作り上げていくことが大事だという。つまり研究者はビジネス側の下請けになることなく、ビジネスの現場にいる人間の問題意識、課題をいかにすくい取り、いい意味での「共犯関係」を築いていくことが、イノベーションのカギなのだそうだ。

研究所のマネジャーはそのような発想で動きつつ、130名以上の個々の研究者をしっかりみて、まるで芸能事務所のタレントマネジメントのように、「今年はこの研究者をこういう動きで売り込んでいきたい」と考えているのだという。

こうした手法で、楽天技術研究所は楽天のビジネスに多くの付加価値を与えることに成功している。

ネットとリアルの融合からコンシューマー系のＩｏＴイノベーションに取り組んでいる楽天技術研究所の強みは、従来型の研究開発スタイルではなく、フレキシブルなタレント管理型の組織スタイルをとり、事業部と「共犯関係」にあることだろう。

近年、大学・大学院の研究能力の高い情報系の学生が、昔のように製造業の中央研究所に行くのではなく、動きが早く自分の研究成果をダイレクトにビジネスで試すことができるネット企業に就職をするケースが増えている。多くの従来型の企業がＩｏＴ活用の製品・サービスの事業化で苦戦している中、楽天技術研究所の組織マネジメントは参考になる点が多い。

ケース 12

リアルとネットの融合とその課題

株式会社コルクBooks
代表取締役・萬田大作氏に訊く

位置情報サービスやビッグデータ取得など、
ネットとリアルを融合する仕組み「O2Oサービス」が注目を集めているが、
データを活用し、IoTに生かすためには
設置・運用コストなどの課題をクリアにしければばならない。
実際にサービスの開発に携わり、
その後、さまざまなビジネスに関わった株式会社コルク取締役の萬田氏に
IoT活用でみえてきた課題について訊いた。

スマートフォンユーザーなどへユーザーの所在地に合わせた的確な広告表示などを行う位置情報サービスや、通勤者の移動データなどのビッグデータからさまざまな意味を見いだすサービスは「ネットとリアルの融合」として大きな期待がもたれている分野だ。このネットとリアルの融合は「O2O」（オンライン・ツー・オフライン）とも表現される。

O2Oの活用はビジネスでの大きなチャンスになるが、実現には技術だけではなく個人情報保護など乗り越えるべきハードルも多い。O2Oサービスのビジネス化に取り組んできた萬田大作氏（株式会社コルクBooks代表取締役）に話を聞いた。

企業がIoTの戦略を策定し、実行する際に欠かせないのが、「データサイエンティスト」（データを分析し、マーケティングに活用できる専門家）の存在である。ケース11で紹介した楽天のように、社内に研究開発部門を設置し、データサイエンティストを多数雇用して研究を深めるというスタイルは理想的だが、実際には、そこまで投資できる体力がある企業は少ない。そんな中、専門家としてのスキルを身につけ、かつビジネスの現場を理解してコンサルタント的な役割を果たせるデータサイエンティストに対しては、開発プロジェクトのリーダーとして招へいする、外注してアドバイスを求める、といったニーズが高まっている。

萬田氏は、そのような企業のニーズに応え、IoT化の支援を行っている。

1 リアルな行動を「見える化」する

萬田氏は、学生時代にナビゲーションシステムの研究をしていたことがきっかけで、創業間もないナビタイムジャパンに新卒で入社、経路検索エンジンや地図描画のエンジン開発に携わった。主に、顧客が経路検索を使った結果をビッグデータとして集め、交通データと照合して活用するというシステムづくりを行ったという。その後、リクルートに入社、子会社であるブログウォッチャーに出向し、位置情報データのプラットフォーム「プロファイルパスポート」の開発責任者となった。2年半の同職務を経て、ブログウォッチャーのコンサルタントとして関わりつつ、クリエイターのエージェントを請け負う会社コルクにCTOとして参加。現在はクリエイターのファンをオンライン、オフラインの両方で囲い込み、コミュニティーとして活性化させる取り組みを率いている。ここでは、萬田氏が関わった「プロファイルパスポート」を例に、日本企業がIoTを進めていく上での課題について考えてみたい。

プロファイルパスポートは、インターネットと実店舗をつなぐO2Oマーケティングの解決策として開発された。萬田氏によると、「グーグルには、ある人がインターネット上で何を検索したかの行動履歴が残る。そのリアル行動版がプロファイルパスポート」だという。プロファイルパスポートに使われている技術として、従来あった「GPS」「Wi-Fi」に加えて、「ビーコン」がある。ビーコンとは、ブルートゥース（無線通信の一つ）を利用して情報を周囲に発信する端末のことである。これらを組み合わせて、リアルな行動（誰が、どこで、何をしているか）とネット上の行動（趣味・嗜好性）の両方を「見える化」し、最適なタイミングで広告・情報を配信するのが、プロファイルパスポートの特徴である。

例えば、東京・神奈川・福岡にある飲食店約数百店舗と主要駅にビーコンを設置し、スマートフォンに「ホットペッパー」アプリをダウンロードしている人が通りがかったら、察知してクーポンをプッシュ通知（アプリの側から自動的に音や映像を通知）する配信を行った。その結果、東京都内ではプッシュ通知をした場合とプッシュ通知をしない場合の来店率を比較すると通知した場合が1・5倍に伸びたという。福岡市内では2・1倍とさらに来店率が高かった。萬田氏は「来店誘導、集客効果があることは明らかだ」と言う。

ちなみに、他の実証実験では、プッシュ通知の効果は過去に来店したことがないユーザーほど高いことがわかった。来店経験のないユーザーにしぼってプッシュ通知をすれば、さらに効果が上がり、店にとっては新規顧客を増やせるということもわかっている。

従来、小売店の広告は新聞に挟まれるチラシがメインだった。しかし、若い層を中心に新聞の購買者が減っていく中で、プロファイルパスポートは小売店の新しい販促ツールとして注目されている。顧客の趣味・嗜好に合わせて、しかも即時性の高い情報（スーパーであれば、その日仕入れた野菜や魚の情報）を配信できるという意味では、チラシ以上に有用な情報を配信することができる。

2　ビジネスとして育てる際の課題

プロファイルパスポートの効果は、情報を発信して来店率を上げるだけではない。「どんなユーザーにどんな記事が読まれたのか」というデータがたまっていくため、それをフィードバックして店舗の運営に生かすことができる。

例えば、店舗の特定エリアに立ち寄るのは「30代男性」が多いとわかれば、彼らに合わせた棚づくりをする。平均滞在時間やレジ通過率なども可視化できるので、顧客の属性・行動から推論して、棚のレイアウトやサービスを変えていくことができるのだ。数々の試みの中で、興味深いのは、イベントの効果である。大手小売りの店内で試食イベントを行うと、大きな効果があることが定量的にわかったという。このように、これまで感覚的にわかっていたことが、データを取得することで、それぞれのユーザーの行動という「定量的」にみることができるのが、プロファイルパスポートのよさである。

一方、リクルートがビジネスとして育てていくには、課題もあったと萬田氏は指摘する。それは、ビーコンのコストが当初の予想以上にかかってしまったことだ。ビーコン自体は高価なものではないが、実はビーコンの適切な場所への設置と電池交換などのメンテナンスに大きなコストがかかるという。最初に店舗のどこにどう置くかという指示、また季節や棚レイアウトの変更ごとに指示を出し、うまくいかない場合は社員が出向いて設置することになる。この問題の解決法として、株式会社ウネリー[★4]（unerry）はコカ・コーラウエストと提携し、設置やメンテナンスのコストが不要な自動販売機のビーコンと連携する方法をとっている。このようにして、設置・メンテナンスコストをいかに減らすかが、普及させる上での課題の1つである。

3 導入は「IoTありき」ではいけない

こうした経験を通して、萬田氏はIoTを活用するビジネス全般について、「リアルとネットの両方でデータを集めて、顧客に合わせた情報を配信することはできるが、そこからどうマネタイズ（収益化を図る）するかが課題」と話す。

リクルートはもともと、ホットペッパーをはじめ、飲食店やビューティーサロン、旅館、住宅展示場など、リアルな企業や店舗とのつながりが強い。そうした下地をもつリクルートであっても、広告だけで長期的にマネタイズするのは難しいという。むしろ、集めたデータをメーカーや小売店に提供し、商品の開発や販売促進、店舗づくりなどに生かす「Ｂ to Ｂビジネス」に、活路があるのではないかと萬田氏はにらんでいる。

米ラスベガスで開催される、世界最大のコンシューマー向け家電見本市「ＣＥＳ」に行くと、昨今はドローンや自動家電、ホームロボットなど、ＩｏＴを取り入れた製品が数多く並んでいる。ＩｏＴの国際標準を決める団体がいくつかあるが、残念なことに日本発の規格はほとんどない。日本の大手メーカーがプラットフォームを作ることが苦手なこと、また意思決定などに時間がかかることは、今後、ＩｏＴをビジネスに取り入れる中で高いハードルになるだろう。

また、こうした課題を解決する際、日本にはデータサイエンティストの数が圧倒的に足りないという事情も、ネックになっている。データサイエンティストの育成機関がまったく足りず、数少ない人材が「来た仕事をなんでも受けている」のが現状だと、萬田氏は言う。

そんな中、２０１４年設立のベンチャー通信企業ソラコムは、ＩｏＴ分野の企業で成長し続ける数少ない日本企業である。２０１７年には、ＫＤＤＩに買収され、ＫＤＤＩのＩｏＴ

★4―BeaconBank（ビーコン・バンク）という日本最大級のビーコンネットワークを中心としたオフライン行動プラットフォームを提供している。

ビジネスの中核の1つになっている。ソラコムはＩｏＴの通信プラットフォームをクラウド上で構築・提供し、導入の容易さ・価格の安さを特徴に顧客を増やしている。このように、マネタイズを見越したビジネスモデルを構築し、スタートアップから一気に普及させるというパターンは、ひとつの成功モデルになっていくかもしれない。

最後に、中堅・中小企業が事業にＩｏＴを導入する際の注意点について、「ＩｏＴありきではいけない」という萬田氏の言葉に触れておきたい。ＩｏＴの魅力というのは、これまでも触れてきたとおり、ネットに加えてリアルな場での人々の行動を可視化できる点にある。それは例えば、工場での人々の働き方、生産性を可視化して、ムダとりにつなげるといった効果を生むだろう。プロファイルパスポートの例のように、店舗内外での顧客の行動を可視化して、棚づくりやサービスの改善にも生かすこともできるだろう。大事なのは、あくまでも可視化されたデータを使って、「どんな付加価値を与えるか」だ。この発想がない企業が、単に流行りだからといって「うちも導入してみよう」といっても、うまくいかない。萬田氏は企業にコンサルタントを行う際、必ず「そもそも、データを使ってどんな課題を解決したいのですか」「ＩｏＴを使って発揮される、御社の独自性とは何ですか」と聞くそうだ。目的は可視化ではなく、その先にあるという認識が、ＩｏＴ導入企業には求められる。

4 O2Oマーケティングの課題をどう乗り越えるか

ＩｏＴで位置情報は非常に有力な商材として注目されている。しかし、収集した情報での個人のプライバシーの扱いをどうするかについて議論があることに加え、位置情報収集のための設備投資やメンテナンス費用の大きさが障害になり、マネタイズへの道は決して容易ではない。プライバシーの問題を適切に処理し、データを使用するための前提条件を整えた上で販売できるビジネスモデルを構築しなければならない。そのためには投資対効果の壁を乗り越える魅力的なターゲット（到達目標）が必要となる。

また、収集したデータを適正に統計処理し、「勘」や「直感」に頼るのではなく、有意な情報を取り出すためには、データサイエンティストだけでなくデータサイエンティストをマネージする人材の育成が重要である。経験則も大切だが、その組織で求められている情報を高い精度で必要なタイミングで取り出せるのかがきわめて重要となる。このような分野で活躍できるコンサルタントが求められているのだ。

【まとめ】

IoTイノベーションを妨げる4つの困難

1 技術面のさまざまな課題

IoTイノベーションを妨げる困難と課題は、序章でも述べたように、**a技術面、b市場・顧客面、c事業・エコシステム面、d組織面**の4つに分類できる。ここでは、各課題の概要とポイントを本章のケースと関連づけて解説する。

IoTに限らず、製造業のイノベーションをたった1つの原因が阻害していることはまれであり、たいていの場合、複数の要因が背景に控えている。そのような場合、困難をもたらす要因と要因が複雑に関係しており、もつれあった要因を根気よく1つずつ取り除いていく必要があるのだ。

では技術的な課題からみてみよう。これには「基盤技術の課題」「技術政策や管理の課題」「アプリケーション運用上の課題」の3つが該当する（次ページの図参照）。例えば、ごく限られた範囲や数量での実証実験では問題がなくても商用化する際やより大規模にスケールアップする場合に問題が生じることがある。事前の周到な検討は重要だ［図5-4・技術1-1］。また、ケース12の萬田氏のO2Oの例で紹介したように、位置情報のビジネス展開に際してプライバシーやセキュリティに関する取り扱いのルールが大きな課題だ［図5-5・

図 5-4 ★技術1：基盤技術の課題

1-1 ネットワークスケーラビリティ	接続デバイス数が膨大になっても、センサーやデータが多種多様になってもネットワークシステムとして対応できる「スケーラビリティ」があるか？
1-2 ビッグデータ分析の精度と計算量	IoT ／ M2M のビッグデータは3 V (volume, variety, velocity) をもっているが、精度と計算量に関する問題をどのように解決するか？センサー側である程度の処理を行うエッジコンピューティングは1つの解である。
1-3 データの品質	さまざまなデバイスが混在する中でのデータの品質管理は容易ではない。
1-4 機器計測デバイスの管理	クラウドにつながった多量のデバイスの管理をどうするか？
1-5 適切な分析方法の選択と手法の検証	統計／データ分析の罠（手法やツールの間違った使い方）にはまらないように注意深く検証を行う必要がある。

図 5-5 ★技術2：技術政策や管理の課題

2-1 相互接続性の保証	機器・サービスの正確な相互接続性をどのように保証するか？
2-2 デバイスの認証方法	複数のプロバイダー間のデバイスの認証をどうするか？
2-3 国の規制	国によるレギュレーションの違いにどのように対応するか？
2-4 セキュリティとプライバシー	セキュリティとプライバシーをどのように適切に取り扱うか？
2-5 キャリアポータビリティ	広域で IoT ／ M2M のサービスを提供する場合、異なるキャリア間のポータビリティをどのように確保するか？
2-6 多くの不完全な標準	多くの機関による多くの標準が乱立している状況でどのように対処するか？

図 5-6 ★技術3：アプリケーション運用上の課題

3-1 ネットワークオペレーターと利用側企業の運用期間のミスマッチ	ある種の IoT ／ M2M サービスは長期（数十年）に運用する必要があるが、技術革新に対応するネットワークオペレーターがその期間サービスを提供する保証はない。
3-2 課金方針と方法	膨大な数のデバイスに対する課金のポリシーと方法が必要である。
3-3 トラブル時の説明と責任	相互につながったシステムにおいて、トラブル時の責任と説明をどうするかが課題である。
3-4 さまざまなアプリケーションの管理	IoT ／ M2M のインフラ上で第三者が提供するアプリケーションの管理をどうするか？
3-5 現場でのデータの活用	収集し可視化したデータに基づき，現場レベルで人間系を含めて議論し、本質的に活用できているか？
3-6 想定外への対応	想定していない状況発生時にも大きな問題にならずに収める。

技術2-4」。ケース10のGRAの例では、IoTで収集したデータを、ベテラン農家を含めて徹底的に議論していた［図5-6・技術3-5（→p.211）］。

2 市場、エコシステム、組織の面の課題

技術面の課題が解決されても、まだ、「b市場・顧客面」「c事業・エコシステム面」「d組織面」の課題が残る。小規模な実証実験ではうまくいくようにみえても、商用化して拡大しようとすると技術的要因のみならず、思いもかけない方向から課題が浮上してくることがある。過去のネットワーク家電に見られるように、業界の標準化や共通のプラットフォームの整備を待てずに、各社が個別のソリューションで事業に参入すると、ネットワークが形成できず、結局どれもスケールアップできないという「ソリューションの断片化」が起こる。失敗の典型である。

市場・顧客面の課題

IoT化に伴う市場・顧客面の課題は、市場規模や顧客ニーズを満たしているか、顧客志向の設計になっているかなどが該当する。さらにそれらをクリアしていても社会的受容性が

不十分な段階だと普及は困難だ。ケース10のGRAの例では、多くの植物工場が市場規模や顧客の潜在ニーズで苦戦しているのに対し、日本人が好きな「イチゴ」に一点特化したブランド化で困難を突破できた［図5-7・市場1、市場2、市場4］。ケース12のO2Oの例では、投資対効果を明確に示すのが難しく苦戦しているように思える［図5-7・市場4］。

図5-7★市場・顧客面の課題

1 市場の規模	市場は十分大きいか？　クリティカルマスを確保できないと事業を継続できない。
2 顧客の真のニーズへのフィット	顧客の真のニーズ、潜在ニーズと提供する価値はフィットしているか。IoTありきになっていないか？
3 ユーザーエクスペリエンス	顧客・ユーザーの立場から使いやすくなっているか？　提供側の都合でシステムが作られていないか？
4 投資対効果不明	投資対効果を明確に示すのが難しく、投資判断ができない。
5 社会的受容性	新しいIoTサービスに対して社会的な受容性ができているか？不十分な段階では広がらない。

図5-8★事業・エコシステム面の課題

1 デバイスと通信のコスト	デバイスと通信の初期導入コストがサービス開始時のボトルネックになる。
2 多すぎるステークホルダー	多すぎるステークホルダーがビジネスモデルを複雑にする。
3 ダーウィンの海（実証実験から先に進まない）	立ち上げ時の小さなビジネス（あるいは実証実験）と目標とするビジネスの間には大きなギャップがある（ダーウィンの海）。
4 利益・損失の配分	ムリ・ムダ・ムラの削減による企業間の利益の配分が難しい、また、トラブル時の損失の配分が難しい。
5 既存事業とのシナジー不足	既存事業とのシナジー効果がないと短期的な視点で事業判断（撤退）がされてしまう。
6 サービスの継続性への懸念	製品と異なりサービスは開始してすぐにやめるわけにはいかないので慎重になる。
7 ソリューションの断片化	さまざまなソリューションが個別のアプリケーションごとに開発されてしまう。

事業・エコシステム面の課題

事業・エコシステム面での課題は、センサー類や通信コストからさまざまなスケールアップに伴うマネタイズの壁、そしてエコシステムの企業間の利益配分や損害補填など多岐にわたる。ケース12のO2Oの例では、ビーコン設置およびメンテナンスのコストが規模拡大のネックになっている［図5-8・事業1］。

組織面の課題

IoTイノベーションを実現する上で、組織面でのさまざまな困難が立ちはだかる場合は多い。特に、従来型の製造業がIoTビジネスに参入する場合に、ネットビジネスとの大きなカルチャーギャップより、変化に対する抵抗、成功体験の不足や失敗体験に基づく偏見、組織の評価基準のミスマッチが発生しがちである［図5-9・組織1、組織2、組織3］。

楽天技術研究所のケースでは、楽天本体がネットビジネス主体であり、カルチャーギャップは少ないかもしれない

図 5-9 ★組織面の課題

1 変化に対する抵抗	既存のビジネスモデルに最適化された組織・意思決定構造で，新しいビジネスモデルを行う場合の抵抗。製造業の組織文化とネットビジネスの組織文化のギャップ。
2 成功体験の不足や失敗体験に基づく偏見	成功体験がないので、少ない失敗体験での偏見が抵抗になる。
3 組織の評価基準のミスマッチ	組織の評価基準を変えないと新しいビジネスモデルに移りたがらない。
4 組織間の連携不足	新しいビジネスモデルでは組織間の連携さらには組み換えが必要だが，既存事業の中で難しい。
5 スピード・アジャイル性の不足	従来型の製造業の重い組織では、ネットビジネスのスピード・アジャイル性に対応できない。

が、いまや大企業である。ドローンから人工知能、最近では遺伝子研究まで幅広いジャンルで研究所のアシストが求められていることに対して、スピード感をもちつつ、現場の単なる下請けとならないように「共犯関係」、別の言い方をすれば二人三脚的に意識や責任を組織間でシェアすることが重要になる［図5-9・組織4、組織5］。ケース10のGRAの場合はベンチャーなので、大企業に比べてスピード・アジャイル性があるのは当然だが、普通のベンチャーのそれをはるかに超えるスピード・アジャイル性が成功の要因のようにみえる［図5-9・組織5］。

3 フェーズレビューで「死の谷」「魔の川」「ダーウィンの海」を乗り越える

ＩｏＴイノベーションを起こすためには、本節末のコラムで解説する「魔の川」「死の谷」「ダーウィンの海」を含むさまざまな困難を乗り越えていく必要がある。こうした困難を乗り越えるための組織的なイノベーション・マネジメント手法として「ステージゲート法」がある。

ステージゲート法は、米国のコンサルタント、ロバート・G・クーパー（Robert G. Cooper）が１９８０年代後半に提唱した、研究開発／新製品開発マネジメントの定番の方法論だ。当時の米国の通信・半導体大手企業モトローラが製品開発に適用して大きな成果をあげたことをきっかけに広く普及するようになった。現在でも、企業の研究開発部門では、ステージゲート法あるいはその企業の状況にカスタマイズされた手法が使われている。むしろ、ステージゲート法に類するプロジェクト管理の仕組みをもたない研究開発部門はまれだろう。日本でも多くの企業で使われているが、例えば、リコーの研究開発部門では、IBMの手法であるIPD[★5]を自社にアレンジした手法を活用している[★6]。本書では、ステージゲート法およびカスタマイズされた手法を総称した一般的な研究開発／新製品開発マネジメント手法を「フェーズレビュー管理」と呼ぶことにする。

フェーズレビュー管理は、多くの製品や技術開発テーマを効率的に絞り込んでいく方法論だ。研究開発のテーマや商品アイデアの創出に始まり、多数創出されたアイデアを対象に、研究開発や事業化・商品化活動を複数の段階（フェーズ）に分割し、次のフェーズに移行する前にレビューを行う場（ゲート）を設けて、そこでの評価をパスしたテーマのみを次のフェーズに進めさせ、最終的に事業化・商品化に至らしめる。IoTを活用する新製品・サービスの開発では、本章で説明した4つの課題をどのようにクリアするかをゲートで議論し、評価する。

これによって事業性が不明確なテーマでもとにかくスタートさせ、フェーズを進める中で精緻な評価を行うことで、事業性のあるテーマを合理的に残すことが可能になる。また、ゲートのレビューでは、なるべく早い段階で関連する事業部門（開発、製造、販売）のキーマンが参加することが重要だ。

ＩｏＴイノベーションでは、フェーズレビュー管理にも従来とは異なる高スピードでアジャイル性のある運用が求められることに注意しなければならない。すなわち、ＩｏＴイノベーションのフェーズレビュー管理では、ゲートのレビューの項目はしっかり意識しつつ、とにかく小さく始めてみることが重要である。そして１つが事業化した後も、次の新しい価値を生む研究開発を同時並行的に行い、全体としてスパイラルに事業をスケールアップするようなフェーズレビュー管理を行う必要がある。

★５―ＩＰＤ（Integrated Product Development）。統合型製品開発。ＩＢＭが採用している製品開発マネジメントの手法。

★６―リコーの事例：清田守・久保裕史「死の谷を越えるＲ＆Ｄ型プログラムマネジメント手法の提案と実践」『国際Ｐ２Ｍ学会誌』Vol.10, No.1 ２０１５年。

コラム

ビジネス化の壁「魔の川」「死の谷(デスバレー)」「ダーウィンの海」

新規事業開発を阻む障害の正体

「魔の川」と「死の谷」、「ダーウィンの海」とは、技術を基にした新製品・サービス開発において乗り越えるべき3つの障害を指す。ハイブリッドカーや液晶テレビなど世の中でヒット商品と呼ばれている新製品・サービスは、これらの障害を乗り越えてきた。北陸先端大の赤井礼治郎氏は、ＩＴ分野では研究開発を開始する時点での市場の発見が重要かつ難しく、「魔の川」や「死の谷」の前の関門として「五里の霧」があると指摘している。

「魔の川」

研究開発したコア技術が事業部門での製品化の段階に至るまでの難関・障壁をこう呼ぶ。実は、技術は開発したものの製品化の対象にならないものは多い。まず、競合技術と比べて優位性がなければ競争に負けるし、優位性があっても魅力的なマーケットが描けないものは難しい。また、事業部門の戦略や既存製品との整合性がない場合は、魅力的な技術であっても採用されないことも多い。

「五里の霧」

ＩｏＴを含むソフトウェアの研究開発においては、そもそもどのような技術・機能を開発すべきかの見極めが難しく、その筋さえよければ、「魔の川」を超えるのはそれほど難しくない場合が多い。すなわち、ソフトウェアは論理の世界の技術であり、ハードウェアや材料デバイスのような物理的な制約がないからである。赤井氏は、「魔の川」の前の段階にも、市場性を見極める障壁があるとして、「五里の霧」と称している。

「死の谷（デスバレー）」

製品化に向けて開発したものが商品として上市されるまでの難関・障壁である。製品開発を行い、実証機あるいは実証実験までは達したがさまざまな事情で商品化されない状況を指す。本書冒頭でもＩｏＴを活用した製品・サービスで実証実験までは進めたが、本格的な製品化ができないという例があると書いたが、この段階での壁を乗り越えられない製品やサービスは多い。これは製品の完成度や商品としての市場競争力が関係する。つまり、製品化のための周辺技術、製造技術が整わなければならない。いくら素晴らしい製品でも製造原価が高かったり一定品質を保つ製造が難しければ最終的に製品化には踏み切れない。また、競合他社が出す類似商品の動向によっても、商品化を見送る場合もある。

「ダーウィンの海」

商品化されてからビジネスとして成功するまでの難関・障壁を指す。実際、商品化されても研究開発に投じた費用を回収できる前に市場から消えてしまう商品も多い。市場が期待したほど拡大しない場合もあれば、有力な競合・代替商品に負けてしまう場合もある。タイミングも重要であり、世の中の環境が整うことで追い風が吹く場合もある。例えば民生用リチウムイオン電池は開発に約15年かけ１９９０年に市場に投入された。発表と同時に注目されたが、なかなか具体的な商談に進まない状況が数年続いた後、Ｗｉｎｄｏｗｓ95ブームによるパソコンのコモディティ化で一気に市場が拡大した。このように別のイノベーションの波との相互作用によって社会を変革するほどの影響を与えることもある。[★7]

★7—国立研究開発法人科学技術振興機構「産学官連携ジャーナル研究者リレーエッセイ『ダーウィンの海』についての一考察　リチウムイオン電池発明から市場形成まで」２０１７年12月　https://sangakukan.jst.go.jp/journal/journal_contents/2017/12/articles/1712-10/1712-10_article.html

第5章 Chapter

point

- IoTイノベーションを妨げる困難は、技術、市場、事業、組織の4つに分類できる
- IoTデータと専門家の知識を総合的に活用し、圧倒的なアジャイル性で困難を克服
- 研究部門とビジネス部門およびコンサルタントの新しい人材活用マネジメントが有効

イノベーションデザインでネタ・モノ・価値を創る

第6章 Chapter

キーワード

イノベーションデザイン
ビジネスモデルキャンバス
SCAIグラフ
オープン&クローズキャンバス
プロジェクトFMEA

本章までの各章の解説でＩｏＴイノベーションの重要性と特徴、イノベーションを阻害する要因と課題について解説してきた。では、イノベーションを個人や組織の特別な能力や経験に頼るのではなく、普通の企業でも取り組める「手法」はないのだろうか。そのための手法として考え出されたのが「イノベーションデザイン」だ。本章ではイノベーションデザインの考え方や手法を取り上げ、さらにこの手法によって実際にビジネスモデル構築を行ってみる。

さまざまなメディア等でＩｏＴが取り上げられる機会が増え、ＩｏＴで何ができるかが語られることも多くなった。ＩｏＴイノベーションへの期待は大きいが、その一方で、実際にＩｏＴイノベーションを実現する道のりは平たんではない。

第5章で解説したように、ＩｏＴイノベーションの実現にはさまざまな困難や障壁が立ちはだかり、ＩｏＴを活用した製品・サービスを開発してもマネタイズに結びつけることは難しい。また、数多くのアイデアや技術が提案・開発されてはいるが、それらが必ずしもイノベーションに結び付いていないのが現状だ。

さらに人的な問題もある。ＩｏＴを活用した製品・サービスのためのプラットフォームの整備が進み、事業化のバリアが低くなったことは、中堅・中小企業にとって大きなチャンスである。であるのに、ＩｏＴイノベーションデザインのできる人材が足りていない。

第1章から第5章まで、ＩｏＴイノベーションに対する企業の具体的な取り組みについても紹介してきた。本章では、読者が自分の属する企業や組織においてＩｏＴイノベーションに取り組む場合、必要なことは何か、ＩｏＴを活用したイノベーションを「デザイン」する手法を、仮定のビジネス立ち上げを例にして解説する。

1 IoTイノベーションに取り組む人のための「工学的手法」

イノベーションデザインとは、序章で触れたように、コンセプト創造（ネタづくり）、システム構築（モノづくり）、価値創出／収益化（価値づくり）の3つのフェーズを一貫してデザインすることを指す。なぜ、イノベーションを一貫してデザインすることが必要なのだろうか？これは、IoTによるイノベーションでは、進化のスピードが重要であることが大きい。

従来の新製品・サービスの開発においては、マーケティング・商品企画、設計・開発、販売・運用は、別々の組織で担当し、組織間で仕事を引き継げばよかった（ウオーターフォール型）[★1]。しかし、IoTによる製品・サービスの開発では、マーケティング・商品企画、設計・開発、販売・運用を、同じ組織が同時並行に試行錯誤を繰り返す、いわゆるアジャイル型で実行する必要がある。近年システム構築と運用を一体化する「DevOps」に、ビジネス部門も一体化する「BizDevOps」の重要性が提唱されているが、イノベーションデ

★1――システム開発の方式の一つで、要求から始まり、計画、設計（概要・詳細）、プログラミング、テスト、運用という順番で開発を進める。計画からテストの流れは不可逆的で、前の工程が終わらないと次に進まず、また次に進んだ場合は前の工程に原則的に戻らない仕組みから「ウオーターフォール」（滝）と呼ばれる。

ザイン手法は、まさに「ＢｉｚＤｅｖＯｐｓ」を行う組織のための手法といえる［図6‐1］。

本書で紹介した各企業におけるＩｏＴイノベーションへの取り組みは、企業や個人の能力や経験的な知識に基づき生み出されている。これらの先進事例を知ることで、読者もＩｏＴイノベーションを起こすための手がかりを得てほしい。イノベーションを起こすのは優れた人間や組織であり、簡単に真似できるものではなく、多くの場合は属人的である。しかし、それだけでは話が進まない。そこで本章では、**ビジネスモデル的に成立するＩｏＴイノベーションをデザインするための「工学的な手法」**を紹介したい。

ここでいう「工学的な手法」とは、目的を達成するために形式知化され、体系化された手法のことを指す。工学的な手法の長所は、属人的な手法と異なり、誰でも学ぶことができる点に

図 6-1 ★ウオーターフォール型とアジャイル型の開発方式の違い

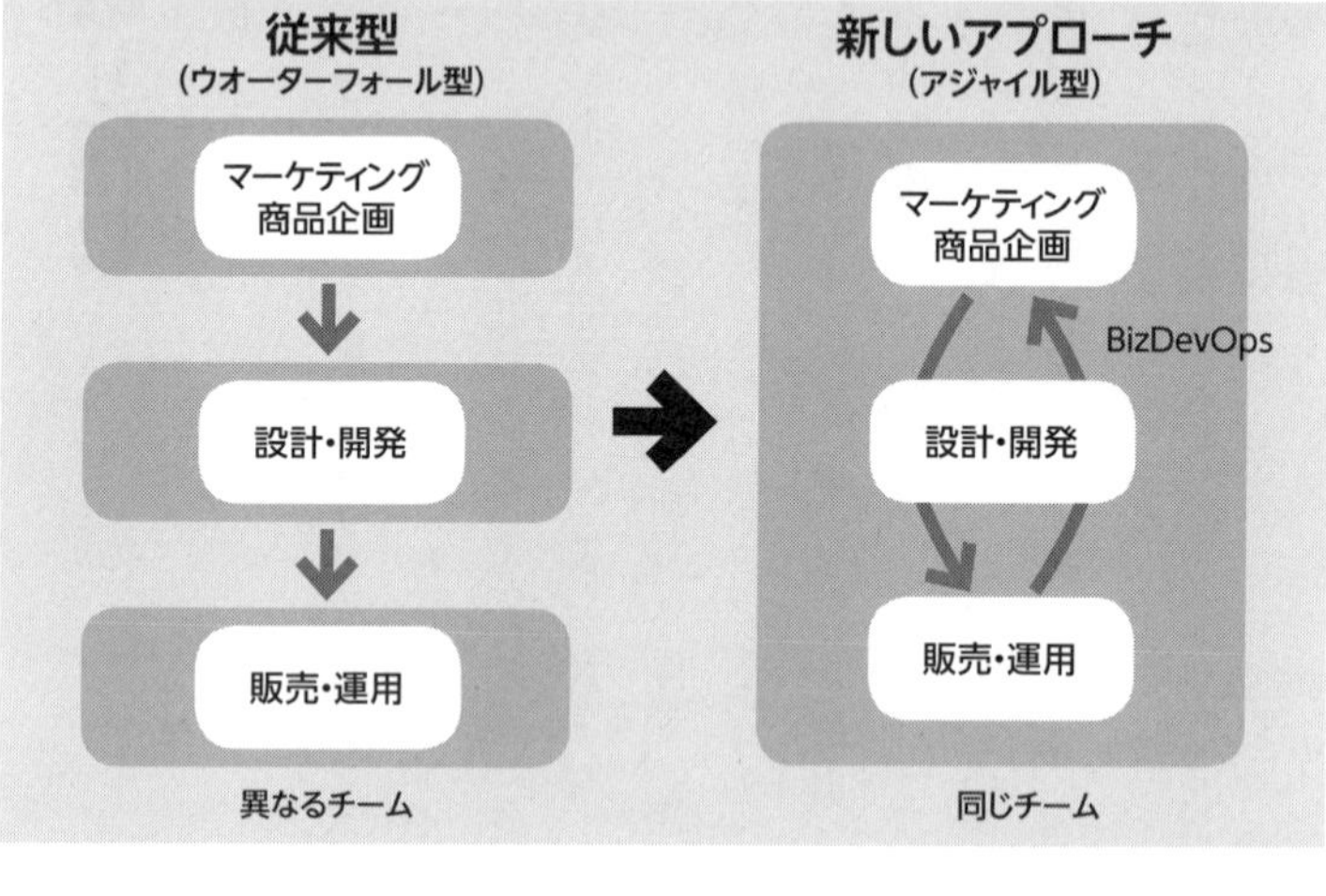

ある。これからIoTイノベーションに取り組もうとする読者には、「工学的な手法」が役に立つ局面が必ずあるだろう。

「職人芸」から「ソフトウェア工学」への移行

工学的な手法は、システムやソフトウェアの設計や開発分野で数多く提案され、実用化されてきた。1950年代に計算機が登場した頃は、ソフトウェアの開発は属人的な職人芸で十分であった。しかし、コンピュータがさまざまな分野での事務処理や制御に用いられ、開発されるソフトウェアの範囲や規模が大きくなると、属人的な職人芸のままでは管理しきれない状況になってきた。その状況のもとで1960年代には「ソフトウェア危機」が叫ばれ、ソフトウェアを工学的に設計・開発するための「ソフトウェア工学」が提唱されるようになった［図6-2］。それ以来、半世紀をかけてさまざまなソフトウェアの設計・開発手法やツールが実用化され、現在ではソフトウェア開発における生産性の危機は解消されつつある。ただ、IoTでシステムがつながる場合のトラブル対策としての冗長性や自己修復性[★2]など新しい課題も顕在化し、人間系[★3]を含むプロジェクトマネジメントは、ソフトウェアの大規模化、

★2―ディペンダビリティ（dependability）と呼ばれ、従来の信頼性に加え、仮にシステムの一部が停止しても、他の部分の動作で補って正常に稼働し続けるという、自立的自己修復的な動作も含む概念。

★3―プロジェクトなどに携わっている人員が担っている業務部分を指す概念。

図 6-2 ★開発手法の発達過程

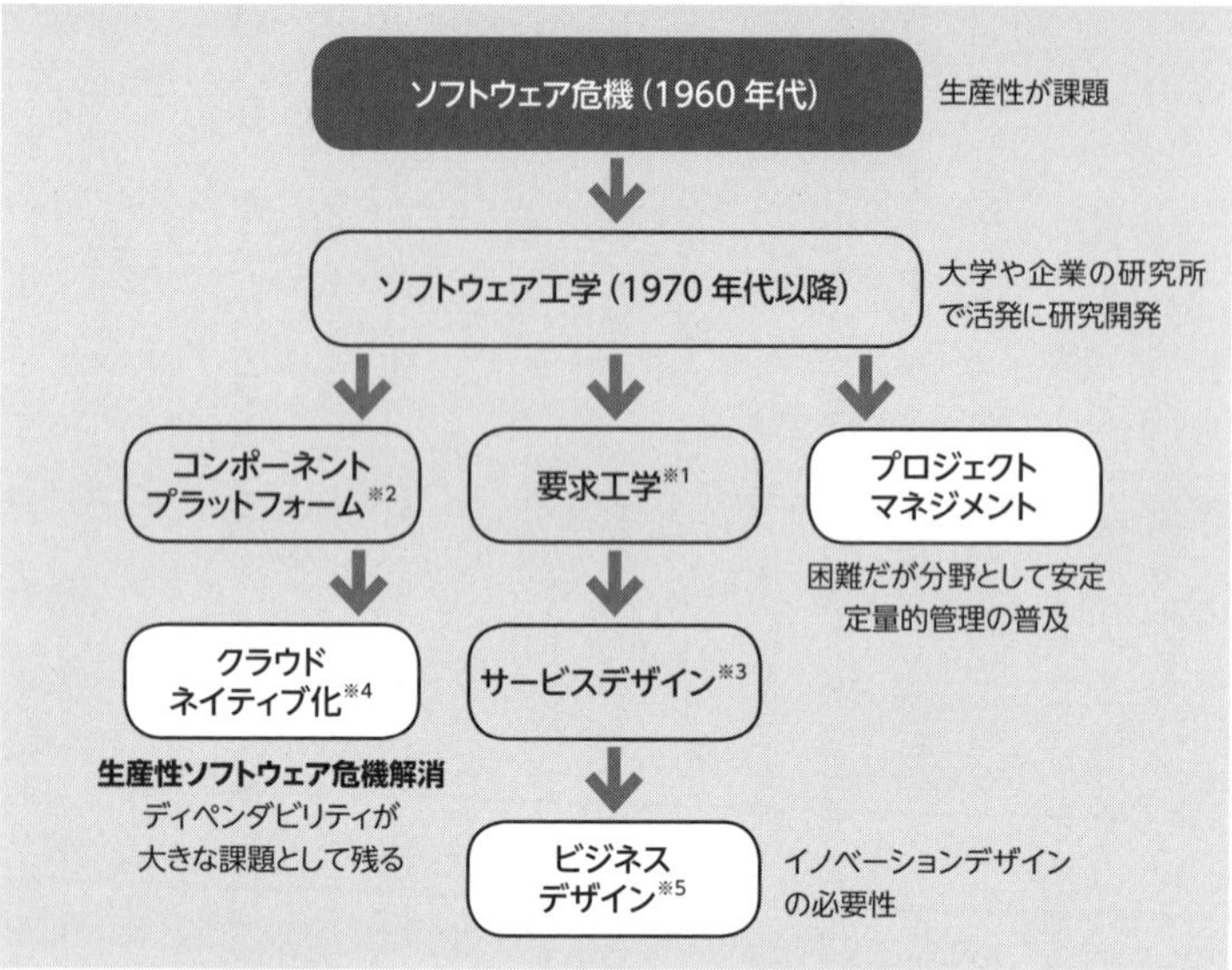

※1　ソフトウェア開発において、顧客の要求から仕様書を作成するプロセスを工学的に定式化する技術。

※2　アプリケーションソフトウェアから共通に使えるOSやミドルウェアやライブラリなどの基盤。近年はクラウド上で提供されていることが多い。

※3　サービスを実現するための計算機システムだけでなく人間系を含むシステムを設計すること。

※4　クラウドの特性を活かしたシステム。稼働した状態での処理能力の増設や機能の追加が容易など、従来のパソコンや計算機システムとは異なった特徴をもつ。

※5　ビジネスを成功させるためのビジネスモデルおよびそれを実現するための人間系を含むシステムを設計すること。

複雑化により依然として大きな課題であるが、ここでは指摘にとどめる。

一方、ソフトウェア工学の対象は徐々に顧客の要求分析や仕様決定など上流分野に広がってきている。ソフトウェアの仕様書からプログラムを作成する技術は成熟したので、顧客の要求をソフトウェア仕様書に落とし込む要求工学が重要となった。さらに、要求工学の範囲もソフトウェアだけでなく、人間系も含む業務プロセスやサービスのデザイン、さらにはビジネスモデルのデザインに広がってきている。イノベーションデザインの工学的な手法も、ソフトウェア工学の自然な進化・発展だと捉えるとそれほど唐突な話ではない。

もちろん、手法やツールは人間を支援するための道具であり、道具を使えば誰でもイノベーションが起こせるというのは誤解である。ソフトウェア工学がさまざまな部分で大きく進歩しても、優秀なプログラマーとそうでないプログラマーの生産性の差は依然として大きい。しかし、生産性向上のための開発ツールがない場合に比べればはるかに取り組みやすく、プログラマー個人に要求される属人的な割合も減っている。組織で共通の思考ツールを使うことは、イノベーションデザインの困難さを可視化・共有化でき、組織としてのマネジメントを容易にすることができる。

2 イノベーションデザインを実現する思考の道具

現時点でイノベーションデザインを一貫して支援する体系的な手法が確立しているわけではないが、関連する道具がいろいろ提案されている。ここでは、イノベーションデザインの「ネタづくり」「モノづくり」「価値づくり」からなる3つのフェーズに関連する代表的な道具を紹介する。各道具をフェーズに関連付けて示しているが、道具によっては他のフェーズにまたがって利用できるものもある。

ネタづくりの方法

最近、企業や社会の問題解決や新しい価値創造のために、チームで新しいコンセプトやソリューションを生み出す手法として「**デザイン思考**」(**design thinking**)が注目されている。そこで米国のデザイン企業ＩＤＥＯおよびスタンフォード大学で提唱されているデザイン思考の各プロセス(理解と共感、問題定義、創造、プロトタイプ作成とテスト)で使える道具を紹介する。

ネタづくりの道具①理解と共感

問題解決や価値創造のためには、現場やユーザーが求めている課題やニーズを理解する必要がある。特に、顕在化していない潜在的な課題やニーズの掘り起こしが重要になる。現場に入り込み、共感することで、現場やユーザーにとって潜在的な課題やニーズに関するインサイト（洞察）を獲得する。代表的な道具としては、フィールドワーク、エスノグラフィーなどがある。

フィールドワークは実際に現場に行き、直接観察し、聞き取り、アンケート、資料収集を行う手法である。**エスノグラフィー**はフィールドワークの手法の1つで民俗学や文化人類学の研究で使われる。現場に入り込み一体化して行う観察から仮説（潜在的な課題やニーズ）を発見する手法だが、近年はビジネスの現場を対象としたビジネスエスノグラフィーが注目されている。

ネタづくりの道具②問題定義

現場やユーザーの理解と共感で得られた情報やインサイトに基づき、着眼点を定め、優れたコンセプトやソリューションを生む起点（アイデア）を作る。代表的な道具としては、共感マップや親和図法（KJ法）などがある。

共感マップは現場やユーザーを観察して得られた情報を4つの視点で可視化する手法。4つの視点とは、「人々が言っていること（Say）」「人々が行っていること（Do）」「人々が考えているであろうこと（Think）」「人々が感じているであろうこと（Feel）」

である。可視化された4つの視点から、現場やユーザーの痛みや課題（Pain）と要望やニーズ（gain）を明らかにする。

親和図法（KJ法）は、多くの断片的な情報やインサイトを1つずつばらばらのカードに記載し、関連するカードをグルーピングして整理、分類、体系化する手法。カード間の相互の「親和性」によって統合した図を作成し、優れたコンセプトやソリューションを生む起点を作る。親和図法の元である、川喜田二郎氏が提唱したKJ法では、思考レベルと経験レベルを往復することによって「創造的問題解決」（W型問題解決）を行う。

ネタづくりの道具③創造

定義された問題に対して、具体的なコンセプトやソリューションを創造する。代表的な道具としては、バリューグラフや顧客価値連鎖分析がある。

バリューグラフは、着想した初期コンセプト（What）を中心に、なぜそのコンセプトが必要なのか（Why）を上位に、どのようにそのコンセプトを実現するのか（How）を下位にグラフ状に可視化し、コンセプトの改善、洗練化、具体化を行う手法である。

顧客価値連鎖分析（CVCA：Customer Value Chain Analysis）とは、検討するコンセプトに関係するすべてのステークホルダーを洗い出し、ステークホルダー間の関係（モノ、情報、価値、カネの流れ）を可視化し、コンセプトの洗練化、具体化を行う手法だ。

ネタづくりの道具④プロトタイプ作成とテスト

創造されたコンセプトやソリューションのプロトタイプを作成し、現場やユーザーを含むステークホルダー間でその妥当性のテストを行う。なるべく簡易的なプロトタイプを用いて、何度もトライアンドエラーのサイクルを回す点が「デザイン思考」の特徴である。最近は、計算機上で簡易的なプロトタイプを作成するツールや3Dプリンターなどの技術が進んでいるが、もっと速く、何度も作成するためには、紙と鉛筆によるスケッチ、未来日記、仮想新聞、芝居やビデオなどの手法も有効である。また、プロトタイプを評価する手法として、類似コンセプトと比較する**戦略キャンバス**や主観的な比較評価を行う**階層分析法**（AHP：Analytic Hierarchy Process）などがある。

モノづくりの方法

創造されたコンセプトやソリューションを具体的なシステムとして実現するための工学的手法として、システム工学やソフトウェア工学からさまざまな手法が提案されている。ここでは、最も上流のシステムのデザインを支援する手法として、品質機能展開（QFD）、サービスブループリント、システムモデリング言語SysMLおよび故障モード影響解析（FMEA）を紹介する。

品質機能展開（QFD：Quality Function Deployment）は、顧客要求を製品やサービスの設計、製造まで展開することを目的とした手法だ。いくつかの展開表を用いて、顧客のニーズ、製品の技術的な特性、製品の信頼性や製造コストの関連付けを行い、顧客要求を満たす最適な製品・サービスの設計指針を明らかにする。

サービスブループリントは、サービスのプロセスとステークホルダー間の相互関係をグラフィカルに記述し、サービス設計の妥当性を検証する。顧客との接点と裏方を含む関係を時系列に可視化することで、顧客の視点で提案サービスの流れを確認できる。

システムモデリング言語ＳｙｓＭＬとは、ソフトウェア設計のために開発されたＵＭＬをベースにシステムのモデルを記述する言語のことで、９個のダイアグラムから構成される。[★4]ＳｙｓＭＬでシステムを記述することで、システムの概念設計を行うことができる。

故障モード影響解析（ＦＭＥＡ：Failure Mode and Effect Analysis）は、システムの潜在的な不具合やリスクを明らかにするために、システムの構成要素の故障モードを洗い出し、システム全体への影響を解析する手法。システム設計で従来から使われている手法で、これをプロジェクトのリスクの評価に拡張したプロジェクトＦＭＥＡも提案されている。

価値づくりの方法

企業が顧客に対して商品やサービスとして提案するコンセプトやソリューションが、システムとして具現化できたとする。次の段階では、国際的な競争環境においてイノベーションの前提条件としてマネタイズ（収益化）のロジックを明確化し、ビジネスモデルを確立することが必要になる。そのための手法を紹介する。

ビジネスモデルキャンバス★5は、ビジネスモデルを記述するための、戦略的マネジメントおよびリーンスタートアップのためのひな型（テンプレート）だ。1枚のチャートにビジネスモデルに必要な9個の構成要素を記述でき、そのビジネスが顧客にどのように価値を提供し、収益を上げるかを可視化できる。複数の人間によるグループワークで、1つのキャンバス上で試行錯誤を行い、ビジネスモデルを洗練化することができる点が特徴だ。

ビジネスモデルキャンバスを紹介した書籍★6は、世界各言語に翻訳され、ベストセラーになっている。使い勝手がよいこともあり、世界各国の企業のみならず国内各社でも利用されている。

オープン&クローズキャンバスは、第4章で紹介したオープン&クローズ戦略を記述するためのチャートだ。企業の中核を成す経営資源（コアリソース）を認識するとともに、オープ

★4―要求図、ユースケース図、シーケンス図、ステートマシン図、アクティビティ図、ブロック定義図、パッケージ図、内部ブロック図、パラメトリック図。

★5―ビジネスモデルキャンバスはスイスのコンサルタント、アレックス・オスターワルダーが提唱。

★6―Alexander Osterwalder. (2012) *Business model generation: a handbook for visionaries, game changers, and challengers.*（小山龍介訳『ビジネスモデル・ジェネレーション ビジネスモデル設計書』翔泳社、2012年）。

ン領域の利用すべき資源（リソース）として、「外部知識リソース」「外部製造・調達リソース」「外部展開リソース」を記述する。

この2つのキャンバスの使い方については、後述する「4　イノベーションデザイン手法と実践シミュレーション」をみてほしい。

3　IoTイノベーションデザインに欠かせない4つの要素

イノベーションデザインに活用できる道具を紹介したが、特にIoTを活用したイノベーションのデザインにとっては次の4点が重要となる。ビジネスモデルと提供価値の明確化、データと提供価値の関係の明確化、オープン&クローズ戦略の検討、IoTに特有のリスクマネジメントの4点である。これは序章でも述べたイノベーションデザインの4つの視点に対応している。

①明確にするべき顧客と提供価値（提供価値の視点）

IoTや人工知能が新聞で毎日のように取り上げられる中、ともすると、「IoTの導入」自体が目的化してしまっていないだろうか。

まず、ＩｏＴを用いることでどんな顧客に、どのような価値を創出したいのか、その価値を提供するには、ＩｏＴ以外にはどのような仕組みや組織が必要なのか、などを明らかにすることが重要になる。自社システムの課題解決の場合は、目的や製品やサービスの提供価値は比較的明確にしやすいが、顧客に対してＩｏＴで新しい価値を提供する場合、顧客が本当に欲しいものなのか、また、それが競合他社に比べて優位性があるのかを確認しなければならない。

②データと提供価値の関係を示す（ＩｏＴの活用方式の視点）

ＩｏＴで提供価値を実現するためには、第3章などで示したように、どのようなデータを用い、データからどのように情報を、さらに情報からどのように知識を、そして知識からどのように価値を導くのかを明らかにすることが必要だ。この関係を明確化する過程で、提供価値を実現するために何をすべきかを明らかにしていく。こうすればデータを用いることで実現可能な他の価値が見えてくる。データから価値への変換にはいくつかのパターンがあり、それらパターンを用いての整理や、新しい価値を発想することも可能になる。

ＩｏＴの成功の秘訣の1つに、データやデータを収集し活用するプラットフォームを多目的に利用するということがある。単一の目的だけではＩｏＴへの投資対効果が十分でない場合、パターンから発想した多目的での利用により投資対効果のギャップを埋めることができるかもしれない。

③エコシステムで他者の力を利用するための戦略（オープン＆クローズ戦略の視点）

ＩｏＴで迅速にビジネスを立ち上げ、発展させるには、すべてを自分（自社）で手掛けるのではなく、自分の強みは残しながら他者（他社）の力をいかに活用するかが重要だ。これまで、日本企業はすべてを自社や系列企業との連携（すり合わせ）で行う垂直統合を強みの源泉としてきた経緯がある。しかし、ＩｏＴの時代で他社を圧倒するスピードを実現するには、垂直統合は限界がある。そのビジネスの構造（ビジネスアーキテクチャ）を考えるのが「オープン＆クローズ戦略」であり、この戦略はイノベーションデザインの中でも可視化して検討する必要がある。これはプロジェクトマネジメントを実行する場合の、次にいうリスクに対する備え（リスクマネジメント）の考え方と同様だ。

④ＩｏＴ特有のリスクマネジメント（イノベーションの課題克服の視点）

ＩｏＴサービスビジネスの立派な企画書を作成し、それが承認され、予算がついても、実行する段階になると第5章で示したようなさまざまな困難が立ちはだかる。この困難を事前に列挙し、関係者間で共有し、困難を解消する施策をあらかじめ検討しておくことは有意義である。ＩｏＴイノベーションデザインにおいて、事前にさまざまなリスクを洗い出して対策する作業はきわめて重要である。リーン・スタートアップで早期にリスクを発見し、早期に対策するのも最近の潮流だ。

4 イノベーションデザイン手法と実践シミュレーション

それでは前述の4つの要素を体系的に組み込んだイノベーションデザイン手法のビジネスでの活用法について解説する。どのようなものか実感しやすいよう、私の研究室でイノベーションデザイン手法をビジネスモデル化する際に行っていることを再現したシミュレーションを紹介しよう。

「IoT活用高齢者の見守り・声かけサービス」立ち上げの具体的な手順

本項のIoTイノベーションデザイン手法のシミュレーションでは、理解を助けるために比較的シンプルなビジネス導入シミュレーションを用いる。

ここで紹介するIoTイノベーションデザイン手法は、ビジネスモデルキャンバスを起点とし、4つのステップで構成される。

Step1・あなたの提案価値は顧客の求めているものか（ビジネスモデルキャンバスで顧客

と提案価値を明確化する）

Ｓｔｅｐ２・提供価値をＩｏＴでどのように実現するか（ＳＣＡＩグラフを用いて、ＩｏＴで得られるデータ・情報を分析・知識処理し、提案価値を実現する構造を検討する）

Ｓｔｅｐ３・戦略の検討はエコシステムデザインの視点で行う（オープン&クローズキャンバスでエコシステムをデザインする視点で戦略を検討する）

Ｓｔｅｐ４・実現を阻むリスクの洗い出しと共有を行う（現状の姿〈Ａｓ-Ｉｓ〉からありたい姿〈Ｔｏ-Ｂｅ〉へのシナリオを作成し、プロジェクトＦＭＥＡでリスクを分析する）

高齢化社会におけるＩｏＴ活用

図 6-3 ★IoT活用高齢者の見守り・声かけサービスのイメージ

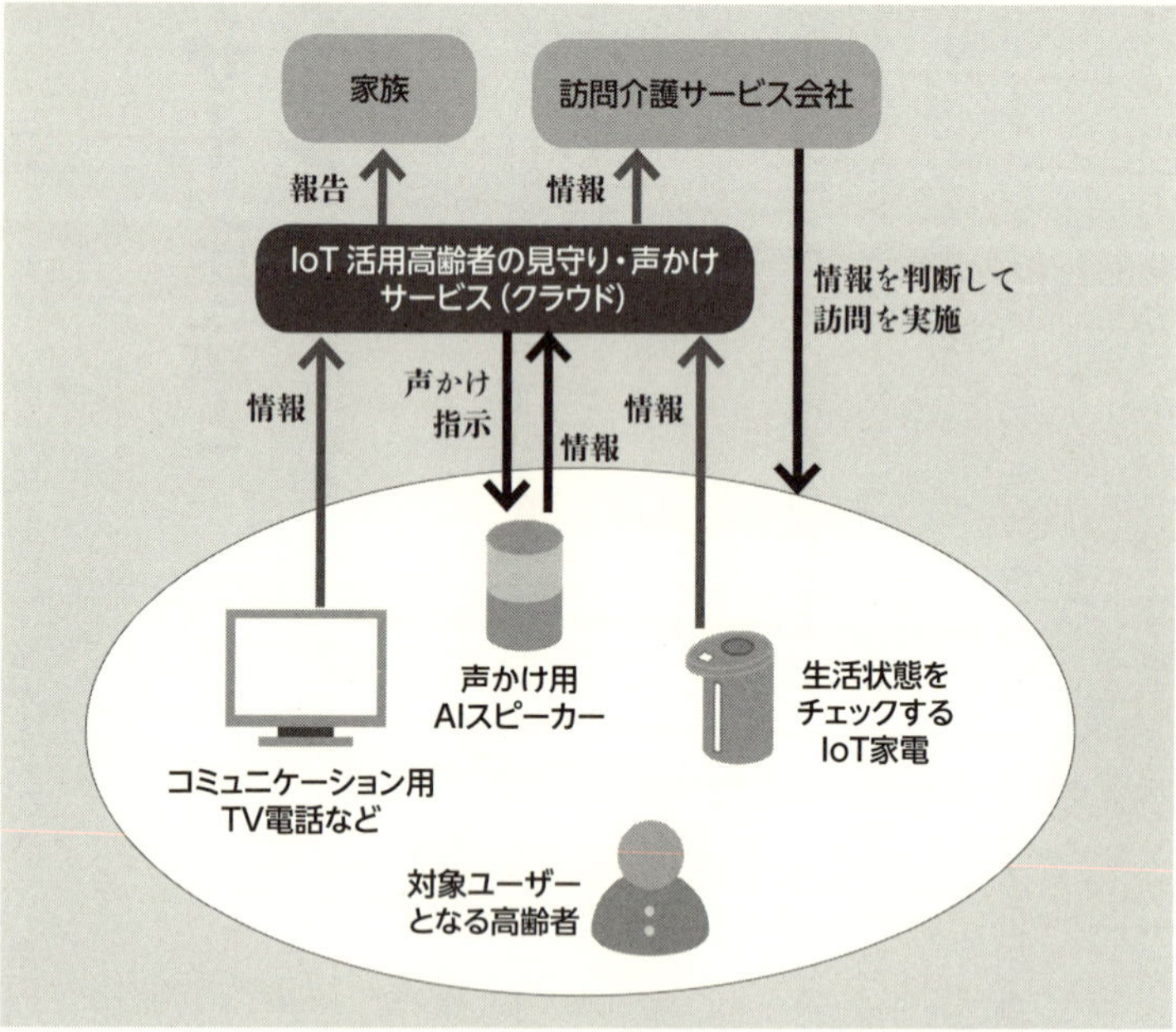

への期待は高い。ここでは、IoT対応家電製品とスマートスピーカーを活用した在宅の高齢者の見守り・声かけサービス（以降、「IoT活用高齢者の見守り・声かけサービス」）のビジネス化を例題に、本手法を使ってデザインしてみる［図6-3］。

Step1・あなたの提案価値は顧客の求めているものか

ターゲット領域で想定されるサービスに関して、「ビジネスモデルキャンバス」［図6-4（→p.240）］を用いて、顧客は誰で顧客に提案する価値は何であるかを明確にする。

ビジネスモデルとは、慶應義塾大学教授・國領二郎氏[★7]による定義では、「①誰にどんな価値を提供するか、②そのために経営資源をどのように組み合わせ、その経営資源をどのように調達し、③パートナーや顧客とのコミュニケーションをどのように行い、④いかなる流通経路と価格体系の下で届けるか、というビジネスのデザインに関する設計思想」である。ビジネスモデルキャンバスでは9個の記述欄がある。まず「顧客セグメント（CS）」と「提案価値（VP）」で、「誰にどんな価値を提供するか」を明確にする。次に「チャネル（CH）」と「顧客との関係（CR）」で「パートナーや顧客とのコミュニケーションをどのように行うか」を記述する。そして「主なリソース（KR）」「主な活動（KA）」「主なパートナー（K

★7—國領二郎『オープン・アーキテクチャ戦略—ネットワーク時代の協働モデル』ダイヤモンド社、1999年。

図 6-4 ★ビジネスモデルキャンバスと記述欄の配置

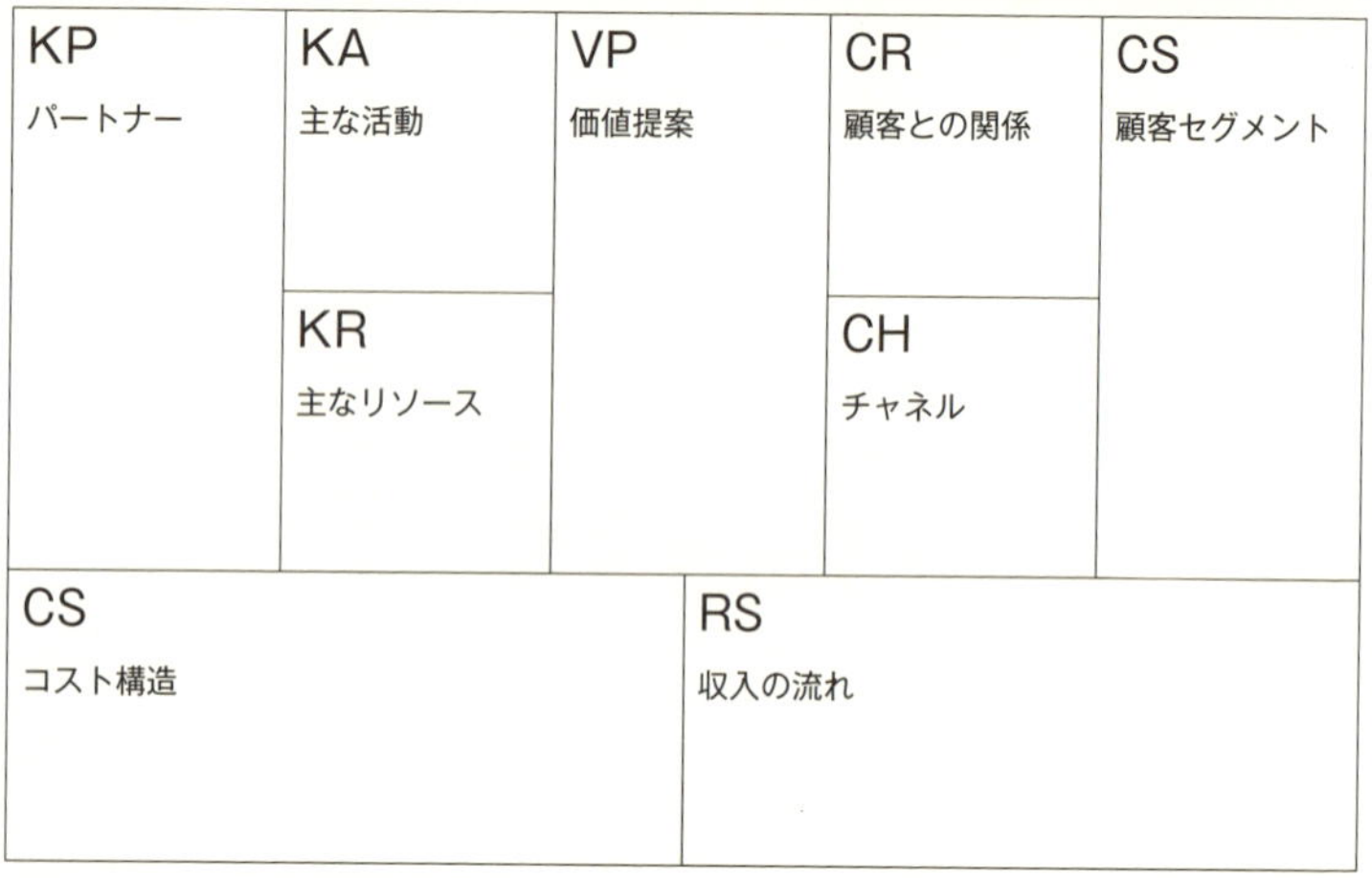

KP パートナー	KA 主な活動	VP 価値提案	CR 顧客との関係	CS 顧客セグメント
	KR 主なリソース		CH チャネル	

CS コスト構造	RS 収入の流れ

図 6-5 ★「IoT活用高齢者の見守り・声かけサービス」のビジネスモデルキャンバス記入例

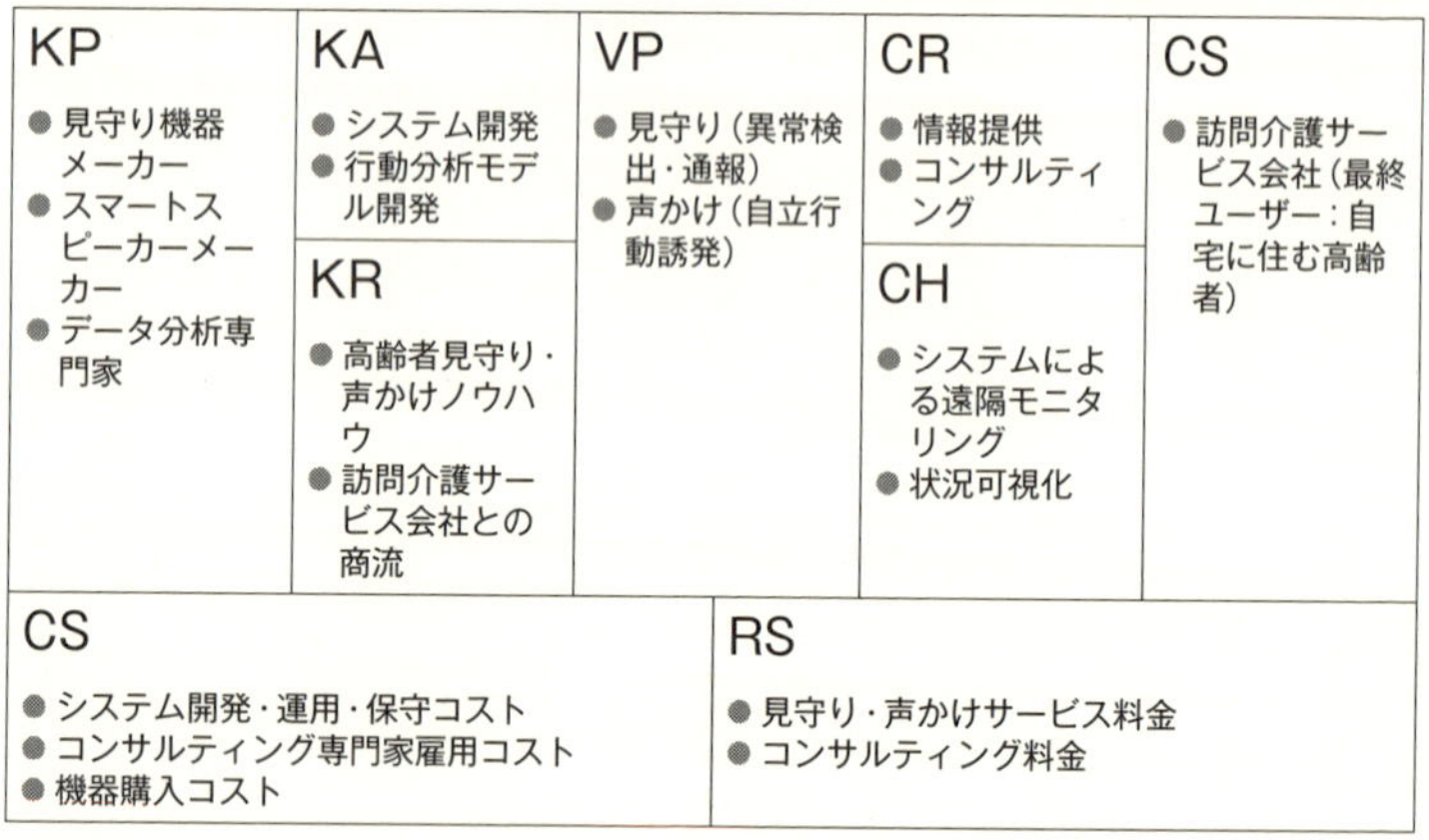

KP	KA	VP	CR	CS
● 見守り機器メーカー ● スマートスピーカーメーカー ● データ分析専門家	● システム開発 ● 行動分析モデル開発 **KR** ● 高齢者見守り・声かけノウハウ ● 訪問介護サービス会社との商流	● 見守り(異常検出・通報) ● 声かけ(自立行動誘発)	● 情報提供 ● コンサルティング **CH** ● システムによる遠隔モニタリング ● 状況可視化	● 訪問介護サービス会社(最終ユーザー:自宅に住む高齢者)

CS	RS
● システム開発・運用・保守コスト ● コンサルティング専門家雇用コスト ● 機器購入コスト	● 見守り・声かけサービス料金 ● コンサルティング料金

P）」で「そのために経営資源をどのように組み合わせ、その経営資源をどのように調達するか」を示し、「収入の流れ（RS）」と「コスト構造（CS）」で「いかなる流通経路と価格体系の下で届けるか」を明らかにする。

「IoT活用高齢者の見守り・声かけサービス」の場合、例えば次のようなビジネスモデルキャンバスを描くことができる〔図6-5〕。

このサービスの顧客は、高齢者に訪問介護サービスを提供する事業者とし、最終ユーザーは「自宅に住む高齢者」との設定だ。提案価値は、「見守り」と「声かけ」とした。

IoT活用による「見守り」サービスとして、序章で紹介した象印マホービンのiポットを用いた「みまもりほっとライン」など多くのサービスビジネスがあるが、このシミュレーションでは近年普及が見込まれるAIスピーカー（スマートスピーカー）を活用した「声かけ」を組み込んだ。これが既存ビジネスと差別化するための新しい提供価値、という想定である。

従来の「見守り」は、高齢者の状態を定常的に把握し異常が発生してから通報するというもので、高齢者にとっては受動的な価値である。これに対し、「声かけ」は、「食事の状況」や「薬の摂取」など訪問介護時に通常介護士が行っている高齢者への声かけをスマートスピーカーで行い、コミュニケーションによって従来の「見守り」ではできなかった生活状態の把握に加えて、高齢者の行動を促すことで自立性を高める。すなわち、高齢者にとって能

図 6-6 ★「IoT活用高齢者の見守り・声かけサービス」の価値提案キャンバス例

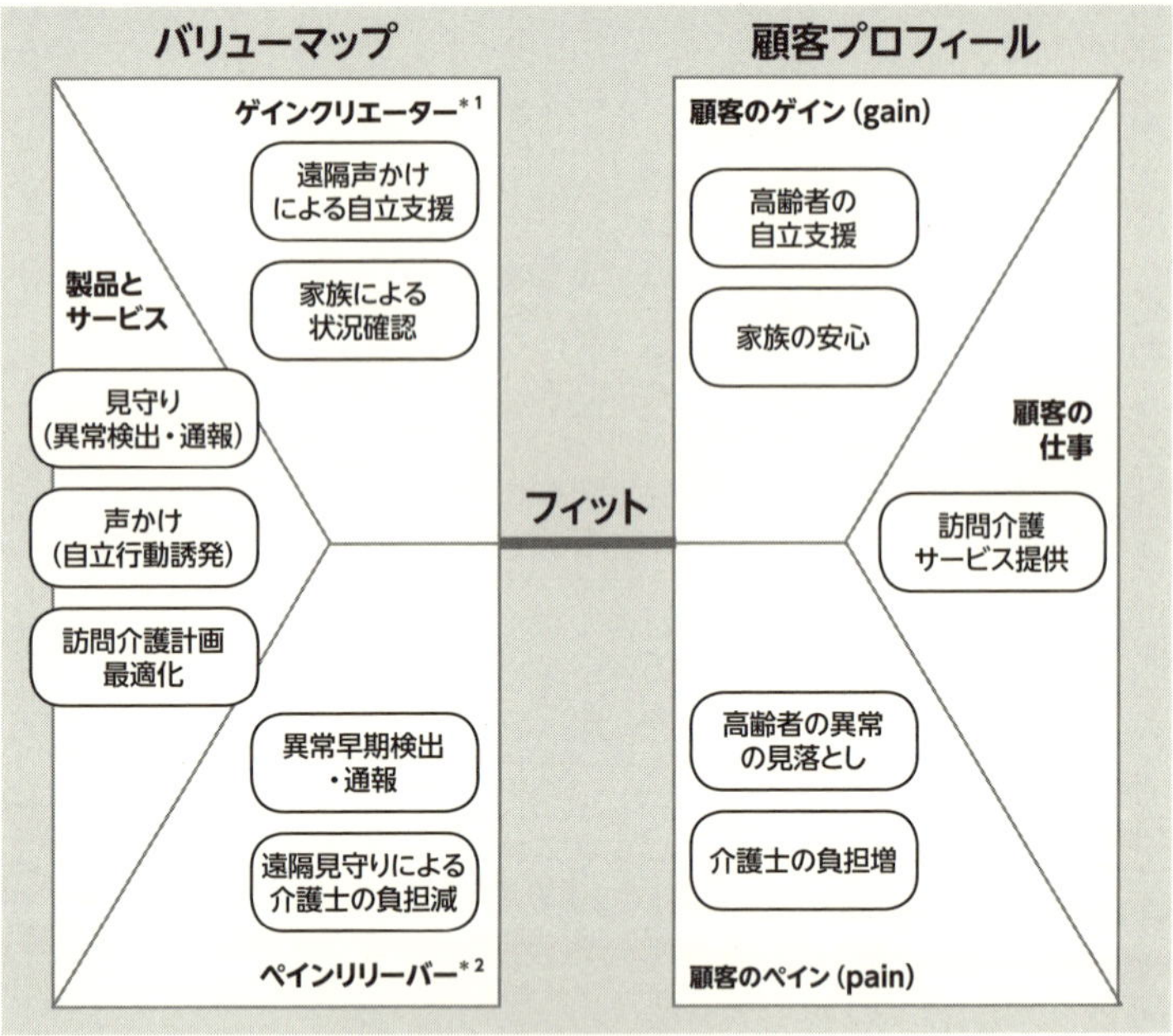

＊1　製品、サービスによって要望（ゲイン）を生み出す方法
＊2　製品、サービスによって顧客の課題（ペイン）を解消する方法

図 6-7 ★ビジネスモデルキャンバスの新たなフレームワークを導入

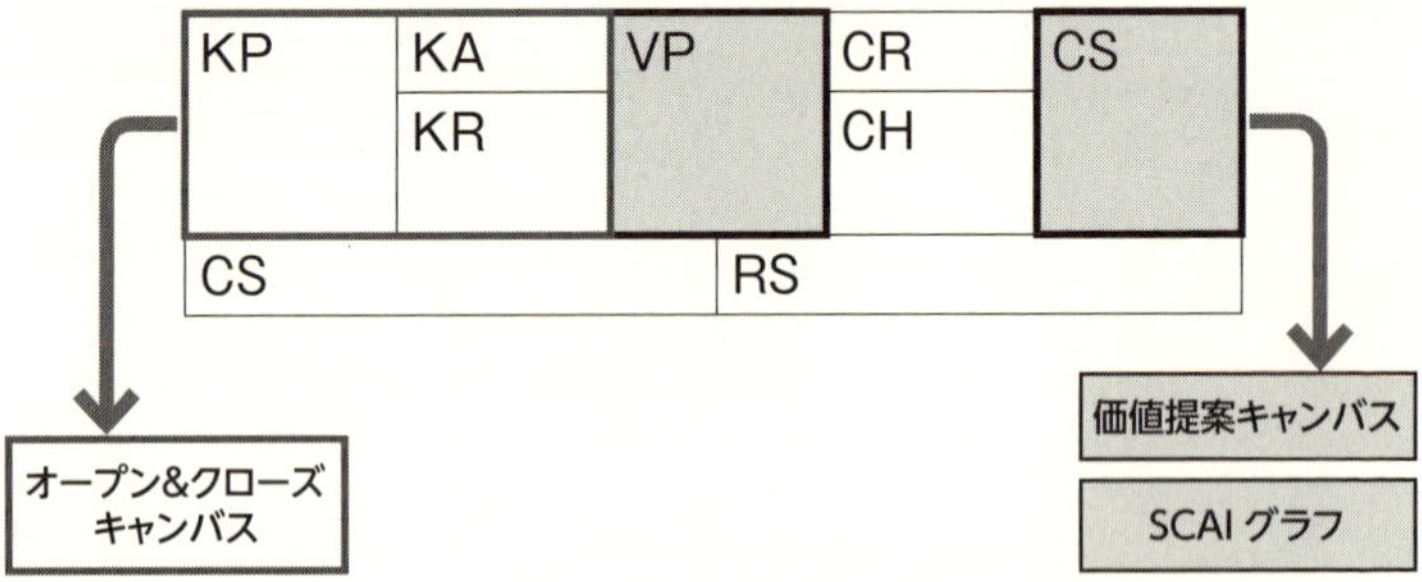

動的な価値を提供する。この価値を実現するためのビジネスモデルキャンバスの項目を第一案として埋めてみる。

ビジネスモデルキャンバスはきわめてシンプルだが、もう少し詳細な検討をサポートするツールが欲しいかもしれない。それが、価値提案キャンバス、SCAIグラフ、オープン&クローズキャンバスである。

価値提案キャンバス[★8]［図6-6］は、ビジネスモデルキャンバスの「顧客セグメント（CS）」と「提案価値（VP）」を検討する際の補完的なチャートである。価値創造キャンバスは、価値提案を磨き上げるためのツールであり、顧客をはっきりと理解する「顧客プロフィール」と顧客のためにどのような価値を創造するかを描く「バリューマップ」から構成される。顧客のもつ要望（gain）と課題（pain）に対して、提案価値がフィットしているかを確認し、提案価値の洗練化を行うことができる。例えば、「IoT活用高齢者の見守り・声かけサービス」の価値提案キャンバスを描いてみると、「介護士の負担増」を緩和する「訪問介護計画最適化」という新しい提案価値に気づくことができる。

ビジネスモデルキャンバスは汎用的な枠組み（フレームワーク）であり、IoTサービスビ

★8―詳細は次の書籍を参照。アレックス・オスターワルダー、イヴ・ピニュール、グレッグ・バーナーダ、アラン・スミス著関美和訳『バリュー・プロポジション・デザイン 顧客が欲しがる製品やサービスを創る』翔泳社、2015年。

ジネスに固有のポイントを検討するためには、さらに補完的なチャートがあると考察しやすい。そこで、ビジネスモデルキャンバスの右側（顧客側）と左側（サービス提供者側）のそれぞれに、ＩｏＴサービスビジネスに固有のフレームワークとして、ＳＣＡＩグラフとオープン＆クローズキャンバスを導入し、次のステップ以降で活用する。

Ｓｔｅｐ２・提供価値の仕組みをＩｏＴの視点で示す

ビジネスモデルキャンバスで抽出された提案価値に対して、「ＩｏＴを活用してセンサーデータから提供価値をどのように生み出すのか」をＳＣＡＩグラフとして明確化する［図6-7（→p.242）、図6-8］。

ＳＣＡＩグラフでは、ＩｏＴを活用した提案価値を生み出す分析・知的処理を４つの機能（可視化、検索による特定、モデルによる推定・予測、最適化）に分ける。ここで、ビッグデータや人工知能のブームの中で、ＩｏＴ活用で集まる膨大なビッグデータを用いた統計あるいは機械学習によるモデル構築を行い、推定・予測を最適に行うことで得られる「分析価値」に注目しがちになるが、ＩｏＴで網羅的に対象を把握し、可視化や検索できることで、高度な分析を行わなくても生み出すことができる価値（「特定価値」と呼ぶ）も現実には有益であることが多い。また、その価値を生み出すために必要なデータ（Sensing）とデータ間のひもづけ（Connection）を明確にすることがポイントだ［図6-9］。

図 6-8 ★4つの階層から構成されるSCAIグラフ

Sensing：
センサーで生データを収集する。

Connection：
収集された生データを統合して情報にする。

Analytics & Intelligent processing：
情報を分析・知的処理して価値を生み出す。

Value Proposition：
提案価値（ビジネスモデルキャンバスで抽出）。

「Sensing」「Connection」「Analytics & Intelligent processing」の頭文字からSCAIグラフと呼ぶ

図 6-9 ★SCAIグラフの各階層とつながりのイメージ

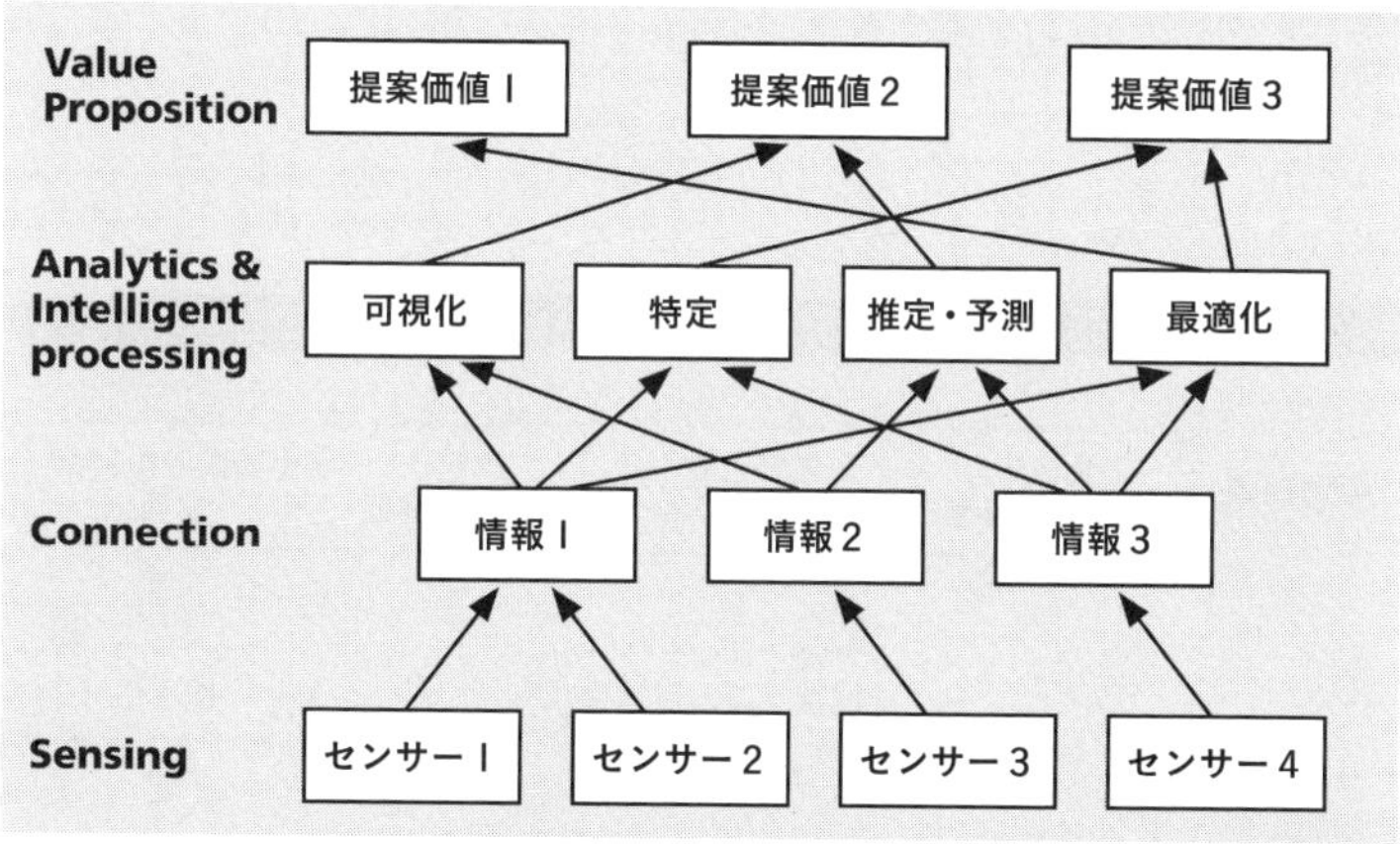

図 6-10 ★「IoT活用高齢者の見守り・声かけサービス」の分析・知的処理例

処理タイプ	説明	IoT 活用高齢者の見守り・声かけサービスの例
可視化	膨大なデータを人間が認識しやすい形で可視化する。判断するのは人間	高齢者の生活状態の変化を介護スタッフや家族が一目でわかるようにする
検索による特定	膨大なデータからある条件を満たすものを抽出・特定する	高齢者の体調不良や転倒などの異常を早期に発見して通知する
モデルによる推定・予測	膨大なデータからモデルを構築し、モデルに基づき状態を推定・予測する	高齢者の継続的な生活状態推移のデータに基づき、起こり得るリスク（認知症の進展、転倒）などを予測する
最適化	状態推定・予測を含む情報から最適なアクションを導出する	訪問介護スケジュールの最適化

ＩｏＴ活用高齢者の見守り・声かけサービスの例で説明すると、過去の多くの高齢者の生活状態の推移データに対して統計的手法や機械学習で分析した結果からモデルを作り、リスク（認知症の進展、転倒）の予測を行うのが「分析価値」である。対して単純に日常生活でのポットの使用状態（使用頻度や有無）から高齢者の異常を検知するのが「特定価値」である。

　このようにＳＣＡＩグラフを描きながら分析・知的処理を４つの機能に注目することで、ＩｏＴを活用した新しい提案価値に気がつくことがある［図6-10（→p.245）］。

　「ＩｏＴ活用高齢者の見守り・声かけサービス」のＳＣＡＩグラフの例を［図

図 6-11 ★「IoT活用高齢者の見守り・声かけサービス」のSCAIグラフ例

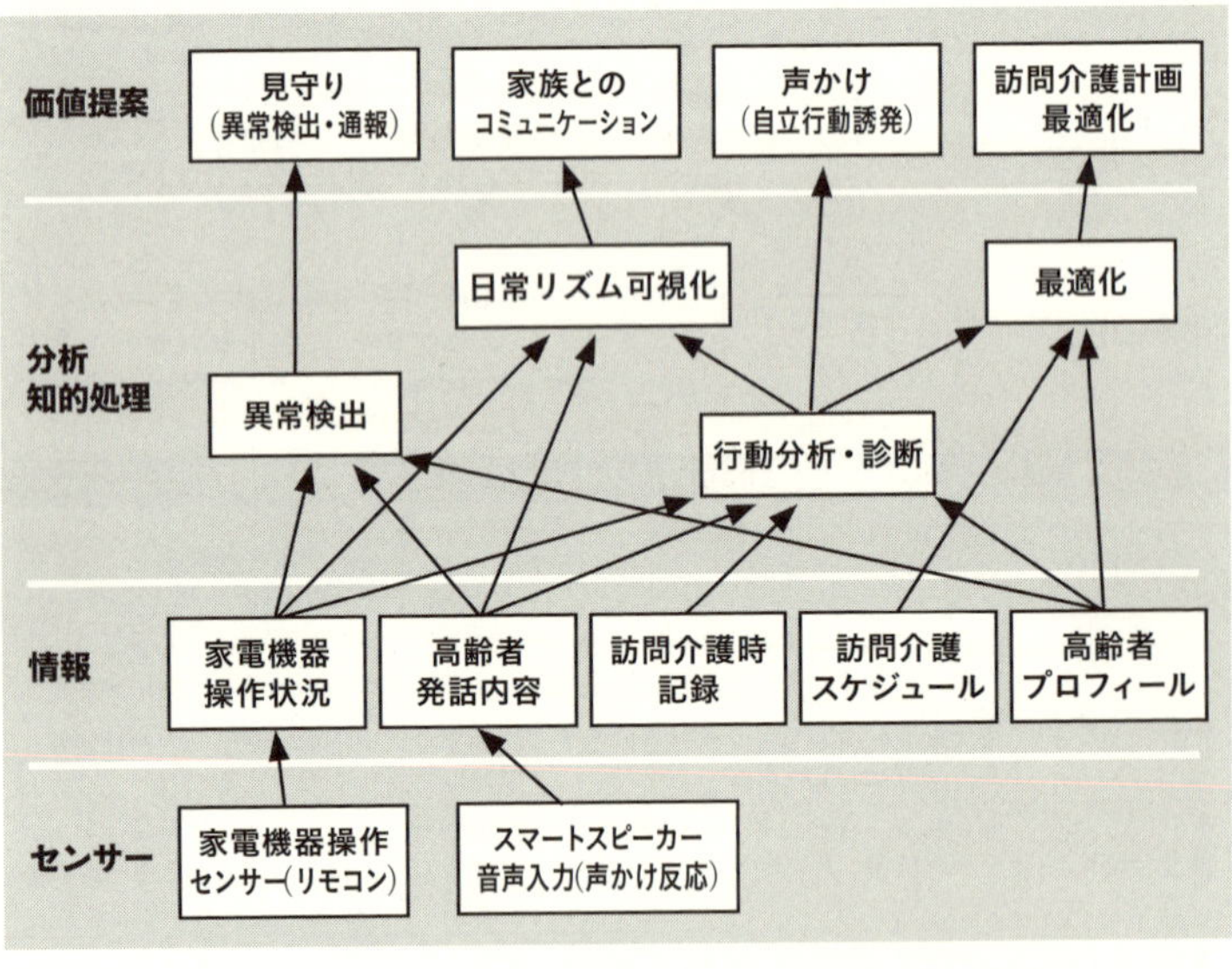

6-11」に示した。SCAIグラフでは、「見守り（異常検出・通報）」「声かけ（自立行動誘発）」「訪問介護計画最適化」などの提案価値が、「家電機器操作センサー」「スマートスピーカー音声入力」などのセンサーデータからどのように生み出されるかを記述する。ここで、行動分析・診断結果と高齢者の発話から、高齢者の日常の生活リズムを可視化して家族に提示することで、スマートスピーカーやテレビ電話による家族とのコミュニケーションの促進を価値として提供できることに気がつく。

新しく発想された提案価値は、最終的にオリジナルのビジネスモデルキャンバスに反映させ、より洗練されたものに修正していく。

Step3・戦略の検討はエコシステムデザインの視点で行う

グローバルな競争・協調環境では、外部のリソースを活用したオープンイノベーションによるスピードアップが不可欠である。ビジネスモデルキャンバスにおいても、外部のリソースの活用を「パートナー」の欄に記述するが、ビジネスエコシステムにおいては、パートナーはいくつかのタイプに分類できる。4章でも説明したようにオープン&クローズ戦略を考えるときに、自社の強み（コアリソース）が何かを確認するとともに、活用したい外部リソースを「知識リソース」「製造・調達リソース」「展開リソース」の3つに分類する。それを記述するためのチャートが「オープン&クローズキャンバス」［図6-12］である。

外部知識リソースとは、自社の核となる技術（コア技術）を強化するため、世界の知識（技術、人材）をM＆A等で取り込むことだ。ここでは、最先端の技術の目利きができるリサーチ機能が必要となる。例えば、近年のグローバル企業は米国のシリコンバレーやインドのバンガロールに研究開発拠点を置いているが、それはシリコンバレーの最先端技術やインドの優秀なＩＴ技術者などの知識や技術を自社の経営資源や戦略に取り込むためである。

外部製造・調達リソースとは、コア技術を使った製品・サービスを形成するために受託生産企業（ＥＭＳ）などの世界の製造リソースを活用すること。自社工場をもたず製造を委託する場合や、自社のシステムに必要な部品や製品を外部から調達する場合がある。ここで、自社の核となる資源や能力を生かし、他社に対して製品・サービスを

図 6-12 ★オープン＆クローズキャンバス

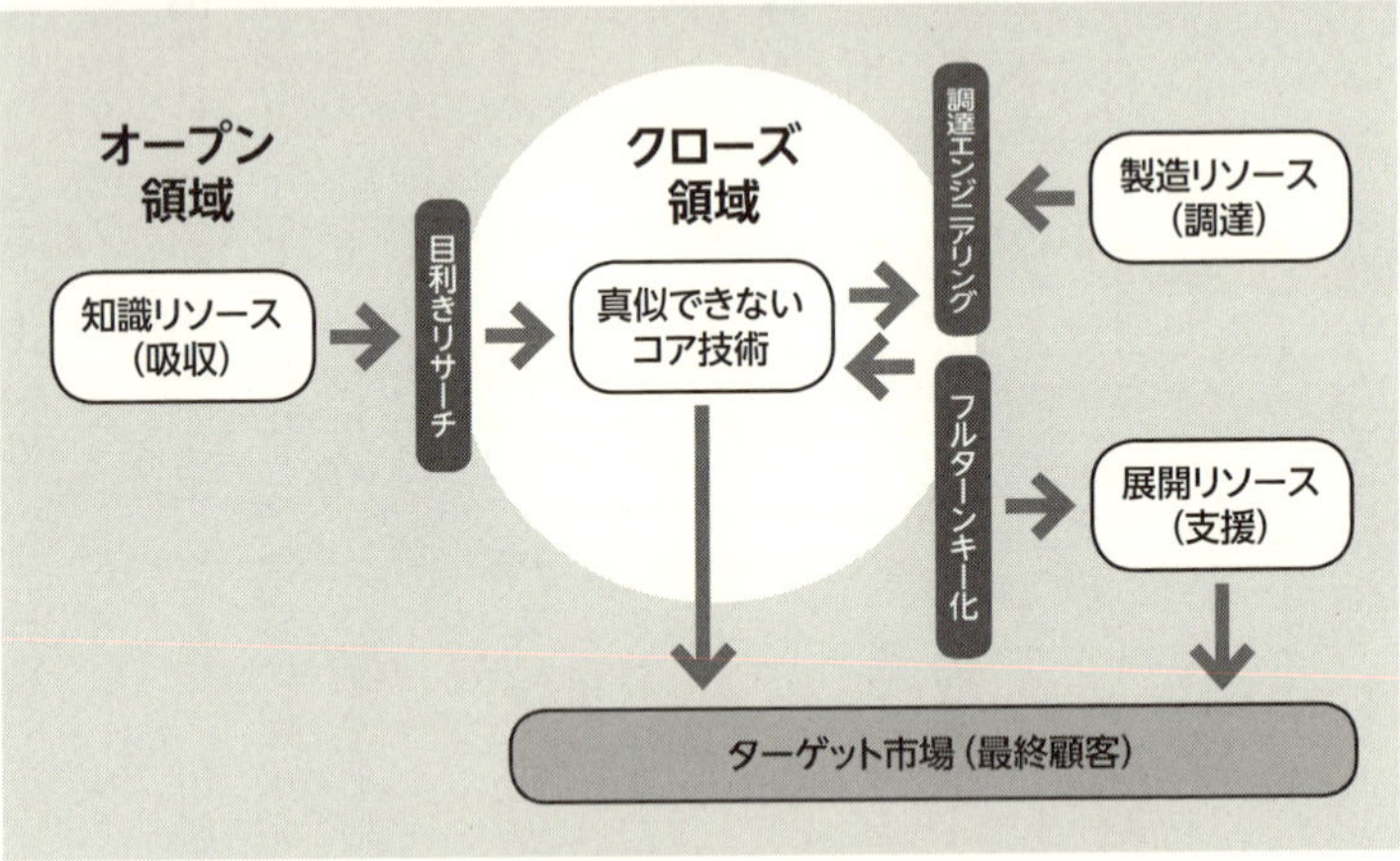

差別化するには、受託生産企業への丸投げは不可である。自社が調達先と同等以上の知識・技術力をもつことが重要な役割を果たす。その知識・技術力を「調達エンジニアリング」と呼ぶこともある。

外部展開リソースとは、コア技術を使った製品・サービスを、ビジネス相手になる外部のパートナーを利用することで大きく世界に展開させるもの。この場合、コア技術をプラットフォームとしてパートナーに提供する。ここでは、パートナーが簡単に利用しやすくするための仕掛け（フルターンキー化）が重要になる。インテルが自らパーソナルコンピュータ（パソコン）を作らずに、CPUを含むチップセットをプラットフォームとして、世界のパソコンメーカーに提供しているのが典型例である。チップセット化により技術力のない企業でも簡単にパソコンを製作できるようにすることが「フルターンキー化」である。

従来のオープンイノベーションでは、自社が取り込む知識リソースや製造リソースが主な検討の対象だったが、近年のエコシステムにおいては、ビジネス上のパートナーが自社のプラットフォームに乗って（参加して）くれる展開リソースの活用がより重要になってきている。

ここで、自社を取り巻くビジネスエコシステムとして3つの外部リソースを想定するのは簡単だが、実際にはエコシステムに加わる利害関係者にとって参加する価値があるかどうかを検討しなければならない。自分だけに都合のよいエコシステムは成立しない。

［図6-13］に「IoT活用高齢者の見守り・声かけサービス」のオープン&クローズキャ

ンバスの例を示した。オリジナルのビジネスモデルキャンバスから「IoT活用高齢者の見守り・声かけサービス」に当てはめて展開すると、コアリソース（この場合はノウハウや人材）は「高齢者見守り・声かけノウハウ」「訪問介護サービス会社との商流」「見守り・声かけプラットフォーム」とし、知識リソースとして、「データ分析専門家」「高齢者インタフェース研究者」、製造リソースとして「見守り機器メーカー」「スマートスピーカーメーカー」、展開リソースは「訪問介護サービス会社」とする。このオープン&クローズキャンバスを描く過程で、新しい展開リソースとして、見守り・声かけプラットフォーム上にさまざまなタイプの訪問介護サービス事業者が必要とするアプリを開発してくれる「アプリ開発業者」の存在に気づくかもしれない。

ここまでのステップで、「ビジネスモデルキャ

図 6-13 ★「IoT活用高齢者の見守り・声かけサービス」のオープン&クローズキャンバス

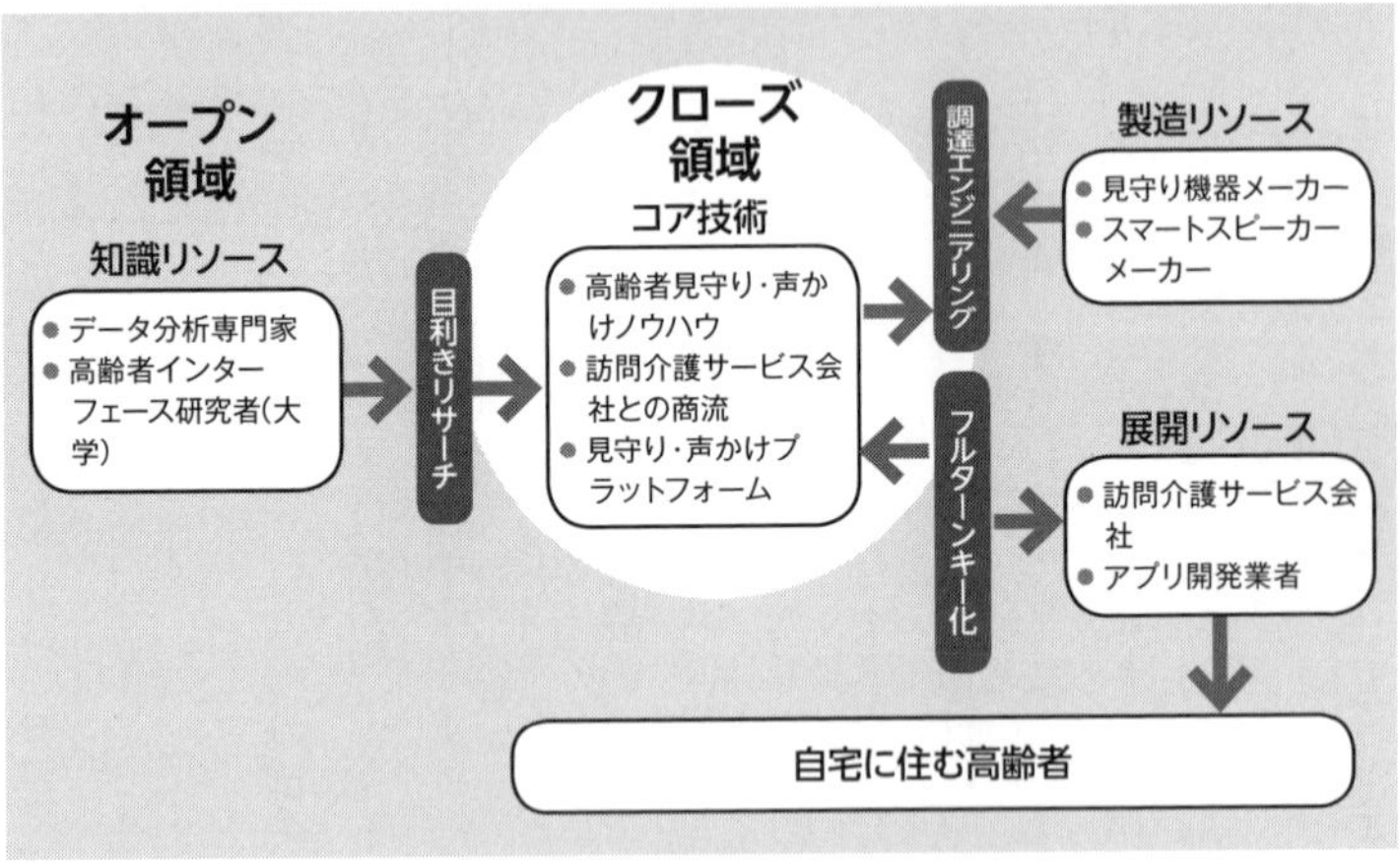

ンバス」「価値提案キャンバス」「SCAIグラフ」「オープン&クローズキャンバス」を記述してきたが、「価値提案キャンバス」「SCAIグラフ」「オープン&クローズキャンバス」を描く段階で気づいた新しい要素を反映させるために、オリジナルのビジネスモデルキャンバスを更新する。「IoT活用高齢者の見守り・声かけサービス」では、更新されたビジネスモデルキャンバスは図6-14のようになる。

Step4・実現を阻むリスクの洗い出しと共有を行う

Step3までで、IoTサービスビジネスが明確になっても、その実現には多くの困難が想定される。ここでは、まず、現在の姿(As-Is)からありたい姿(To-Be)への実現シナリオを検討し、IoTサービスビジネスの困難

図 6-14 ★更新された「IoT活用高齢者の見守り・声かけサービス」のビジネスモデルキャンバス例

KP	KA / KR	VP	CR / CH	CS
● 見守り機器メーカー ● スマートスピーカーメーカー ● データ分析専門家 **● 高齢者インターフェース研究者(大学)** **● アプリ開発業者**	**KA** ● システム開発 ● 行動分析モデル開発 **KR** ● 高齢者見守り・声かけノウハウ ● 訪問介護サービス会社との商流	● 見守り(異常検出・通報) ● 声かけ(自立行動誘発) **● 訪問介護計画最適化** **● 家族とのコミュニケーション**	**CR** ● 情報提供 ● コンサルティング **CH** ● システムによる遠隔モニタリング ● 状況可視化	● 訪問介護サービス会社(最終ユーザー:自宅に住む高齢者)

CS	RS
● システム開発・運用・保守コスト ● コンサルティング専門家雇用コスト ● 機器購入コスト	● 見守り・声かけサービス料金 ● コンサルティング料金

* **●太字**部分が新しく追加された項目

の視点から、実現シナリオを実施するプロセスでのリスクを洗い出し、ステークホルダーで共有する。「IoT活用高齢者の見守り・声かけサービス」における実現シナリオの例を示す。

実現シナリオを検討する

新規事業専任チームを立ち上げ、プロトタイプで試行評価を行い、技術を洗練化する。次にデータ分析のキーマンを採用する。見守り機器メーカーやスマートスピーカーメーカーとAPIに関する技術提携を行う。

図 6-15★困難マップ

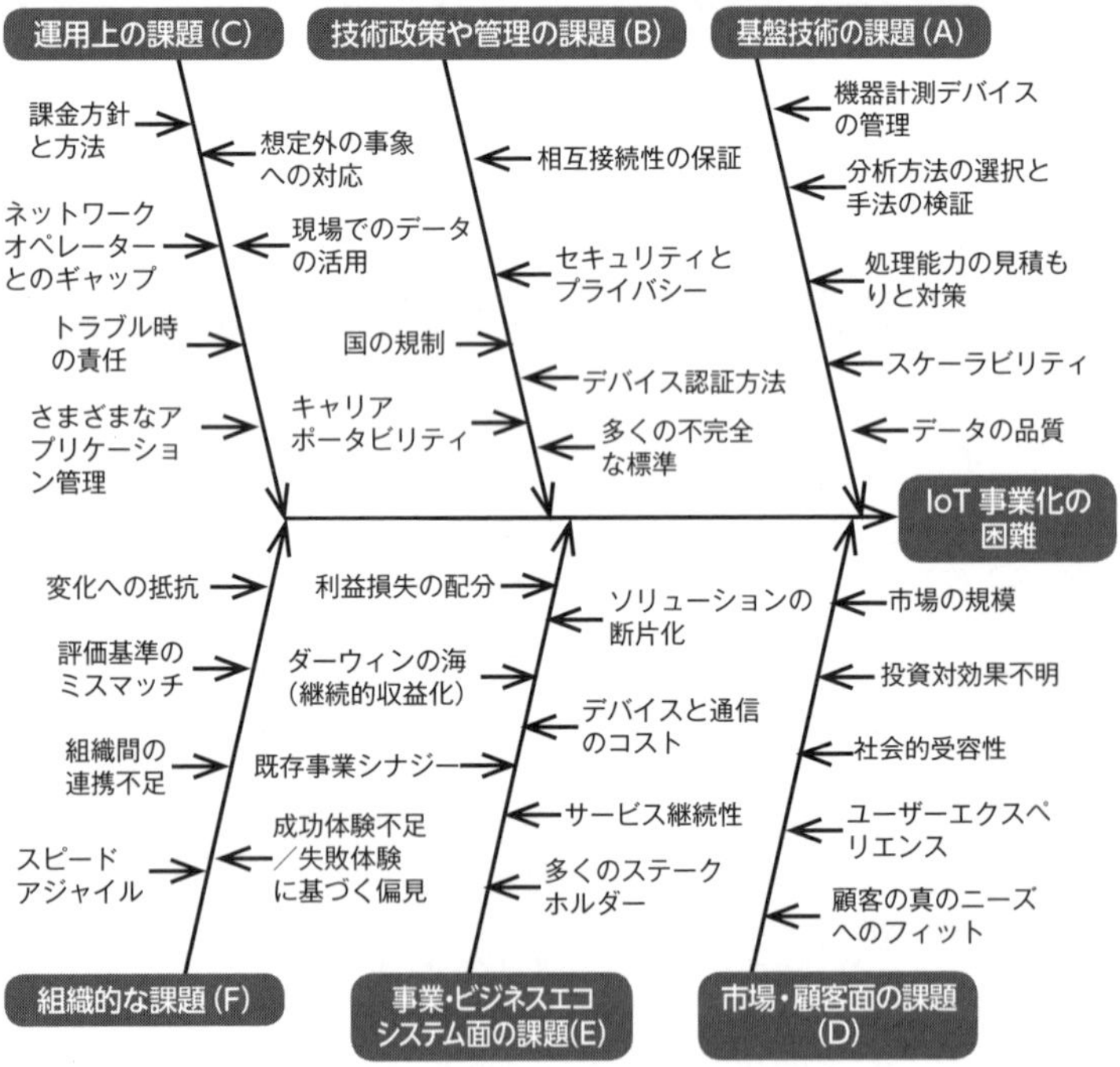

そしてＩｏＴに理解のある有力な訪問介護事業者と共同で試行的な事業を開始する。さらに既存システムの差別化サービスとして多くの訪問介護事業者へ展開する。

５章で説明した困難・課題を図式化した困難マップ[★9]［図6-15］を用いて、提案サービスで想定される困難を「強制発想」[★10]で抽出し、そのリスクと対策をＦＭＥＡ[★11]形式で整理する。ＦＭＥＡは、製品設計時の製品のリスクの洗い出しに幅広く活用されているが、ここではプロジェクトのリスクの洗い出しのためのプロジェクトＦＭＥＡという手法を利用する。

困難マップの項目「基盤技術の課題（Ａ）」「運用上の課題（Ｃ）」「市場・顧客面の課題（Ｄ）」「組織的な課題（Ｆ）」に対して、「強制発想」的にリスクを洗い出し、プロジェクトＦＭＥＡで分析すると［図6-16］のようになる。

このように実現シナリオを検討し、その実現プロセスにおいてどのような困難があるのかを、困難マップを参照しながら検討することで、ビジネス企画の段階でのリスクの洗い出しと対策をステークホルダー間で議論することができる。

最後に、ここで紹介したイノベーションデザイン手法とＩｏＴイノベーションで乗り越え

★9―その形状から「フィッシュボーンチャート」とも呼ばれる。
★10―ある事柄を検討する際に抜け落ちる事柄のないようにチェックリストを用いて確認すること。今回の事例ではＩｏＴの各阻害要因（課題）をチェック項目としている。
★11―ＦＭＥＡ：Failure Mode and Effect Analysisの略で、故障・不具合の防止を目的とした、潜在的な故障の体系的な分析方法のこと。

図 6-16 ★洗い出された「IoT活用高齢者の見守り・声かけサービス」のリスク

プロジェクトFMEA

困難分類	故障モード	原因	影響	対策	致命度
基盤技術（A）	高齢者が声かけにあまり反応しない	高齢者の行動特性の把握不足	自立行動誘発機能が実現不可	高齢者への事前評価をしっかり行う	4
基盤技術（A）	行動モデルの精度が高くない	データの精度が悪い。行動が多様でモデル化できない	訪問介護計画最適化機能が実現不可	訪問介護時記録を中心に計画する	2
運用（C）	スマートスピードのAPIの不統一*	スマートスピーカーの普及は進むが多様なアプリ、APIが出現	各種スマートスピーカーごとに開発の必要性	ある特定のスマートスピーカーに限定して開発	3
市場（D）	利用企業数が増えない	効果が限定的、効果を享受できる事業者は少ない	ビジネスとして投資継続が難しい	既存システムの付加機能的な範囲で運営	2
組織（F）	既存のシステムとの連携不足	既存システムの組織にとってのメリットがない	既存システムの導入実績が生かせない	新規事業と既存組織の責任者を同一にする	1

＊ API：この場合はスマートスピーカー用アプリケーション開発に際し、スマートスピーカーがもっているハードウェアや基盤ソフトウェアを制御するためのインターフェースのこと。

図 6-17 ★イノベーションデザイン手法とIoTイノベーションの困難の関係

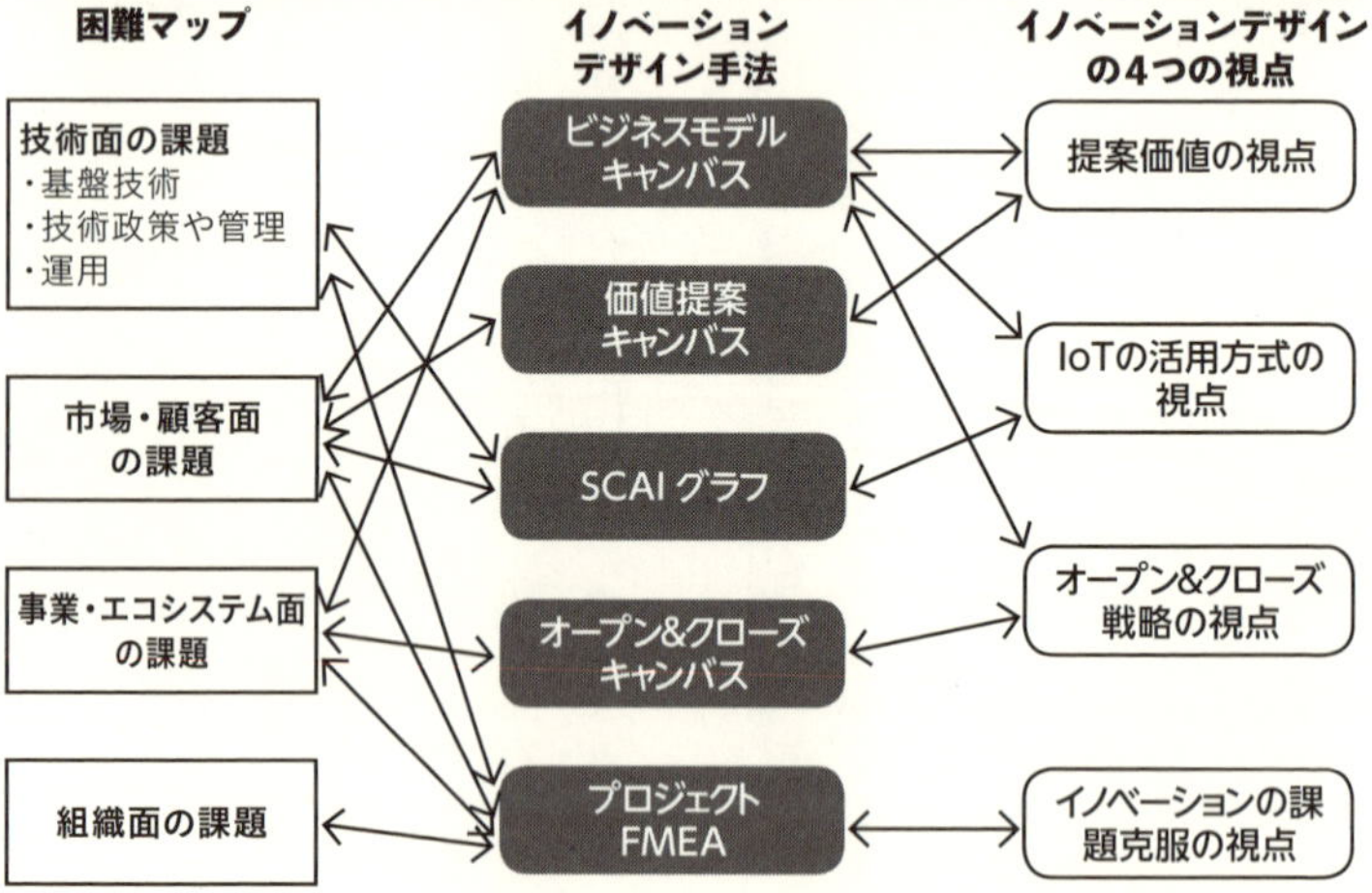

るべき困難との関係を［図6-17］に示す。

■IoTイノベーションデザイン手法で、ビジネスモデルをつくってみよう！

IoTイノベーションデザイン手法は、最初は慣れるまで若干難しさを感じるかもしれないが、ビジネスモデルキャンバスやSCAIグラフ、オープン&クローズキャンバスは比較的シンプルなチャートなので、何回か描き、慣れれば活用できるようになるだろう。実際、私は大学の講義の演習で使っているが、数回の講義のあと多くの学生はうまく使いこなせている。また、ここで示した手法に厳密に従う必要もない。最初に述べた4つのポイントが抑えられていれば、ツールの改良や他のツールを活用するのでもかまわない。よく複雑なビジネスモデル設計手法に従って検討チームで作業すると、最初のビジネスモデルの完成で満足してしまい、その後、作成したチャートを見直すこともなく放置されるケースが散見される。あまり悩まずに描いてみて、描いたチャートを皆で議論し、ビジネスモデルを洗練化し、常に見直すことが何よりも大事だろう。

第6章

Chapter

point

- IoTイノベーションでは「ネタ・モノ・価値づくり」を俯瞰的にデザインする人材が必要
- 4つの視点を持つ工学的手法によって、IoTイノベーションのデザインが容易になる
- IoTイノベーション手法は、思考を整理し共有するための道具、慣れれば難しくない

IoTイノベーションデザインの今後：人間の気づきを生かす

おわりに

本書の最後に、ＩｏＴイノベーションデザインの今後と、そこでキーとなる人間の「気づき」の活用に関して、我々が考える研究と教育の方向性と取り組みを紹介する。

1 IoTイノベーションが変える社会

1990年代以降、急速に普及したインターネットが世の中を大きく変え、いまや企業活動や生活の多くの部分はインターネットなしには成り立たなくなってきている。同様に、IoTが今後10年単位のスパンで世の中を大きく変えることは間違いないだろう。

一方、1990年代後半からeコマースがブームになり、多くの企業が参入したが、イノベーションを収益化できた企業は少数であった。同様に、IoTイノベーションは確実に起こるが、そこで成功する企業も限られるだろう。ただ、eコマースのブームの際は、「イノベーションデザイン」という視点はなかった。過去の失敗を生かし、ブームだからと深く考えずに参入するのではなく、「イノベーションデザイン」という視点や道具をもつことで、成功確率を少しでも高めることができると期待したい。

IoTイノベーションの対象は幅広い。例えば自動車の自動運転は、巨大市場を生み出すキラーアプリとなるのは確実だ。さらに工場、医療、介護、農業、建設、船舶などのさまざまな分野でIoTイノベーションが起こるだろう。これは大企業だけでなく中堅・中小企業も含めて大きなチャンスの到来を意味する。「イノベーションデザイン」の視点をもち、I oＴイノベーションのさまざまな困難を乗り越えて、そのチャンスを生かしてほしい。

技術的な課題も複数存在するが、これらは着実に世界の研究者・技術者により解決されるであろう。ただ、すべての課題を技術で解決しようとする研究開発が先行し、ＩｏＴイノベーションのための「人間の活用」にあまりスポットライトが当たってないのではないかと以前より感じてきた。ＩｏＴを機械だけの閉じたシステムにするのではなく、もっと人間が関与することでより使いやすいものにできるのではないかと思うのだ。

そのための取り組みの一環として、ＩｏＴイノベーションでの人間の活用が私の研究室での主要な研究テーマであり、その中から「音声つぶやきによる気づきプラットフォームの研究」を紹介する。併せて今後の人工知能と人間知能の統合的活用の意義について考えていることを述べたい。人間の活用、特に人間の「気づき能力」をＩｏＴのシステムに組み込むことが、将来ＩｏＴイノベーションの大きなＫＦＳ（Key Factor for Success）になるのではと私を含めた何人かの研究者は考えている。最後に、「イノベーションデザイン」の教育についても言及する。

2 「人間センサー」の活用によりIoTイノベーションの対象が広がる

ＩｏＴのシステムでは、人やモノに付いている物理的なセンサーからの情報をクラウド側で分析して価値に変換し、人やモノにフィードバックする。この物理センサーは非常に強力な情報源となるが、残念ながら存在するすべての情報を収集できるわけではない。例えば、近い将来、介護サービスにおいて、体温や脈拍などの生命活動の情報は物理センサーで自動的に計測できるようになるだろう。そのような技術的進歩を踏まえれば、要介護者の食事の進み具合や歩行時の状況を物理センサーや画像センサーで計測することも将来的には可能になるかもしれない。しかしそのためのコストは現在から数年程度の近未来では極めて高額になることが予想され、一般的な介護施設での導入は現実的ではない。現在のところ、このような要介護者から得られる多様な情報は、介護スタッフが要介護者の様子を観察し紙やパソコンなどの記録に残すことで、スタッフ間で共有されることが一般的だろう。

他の分野、例えば農業においても、ハウスの気温、湿度、土壌などの情報は物理センサーで計測できるが、農作物の生育状況や病害虫の影響などを目視と経験で観察するのは人間である。

私は、人間のもつ五感は素晴らしい「センサー」（本書では**人間センサー**と呼ぶ）であり、さらに人間センサーにより得られる「**気づき**」はさまざまなサービスの質と効率の向上の点できわめて重要であると考える。つまり、気がつかない人にはよいサービスはできないし、気づいたことを自分だけでなく、いかに皆で共有し活用するかが大切である。

これまでもスタッフが顧客に関する気づきをデータベースに入力し、スタッフ間で共有した宿泊業の例（リッツカールトン、星野リゾートなど）がある。私は、人間の気づきを情報通信技術でいかに支援するか、そして物理センサーの情報と併せていかに活用するかがＩｏＴイノベーションにおけるポイントだと考える。

現在、サービス業務中のスタッフの気づきは、本来業務終了後にパソコンなどで記録すること

図 おわりに-1 ★人間センサーと物理センサーを用いたデータ収集と処理の流れ

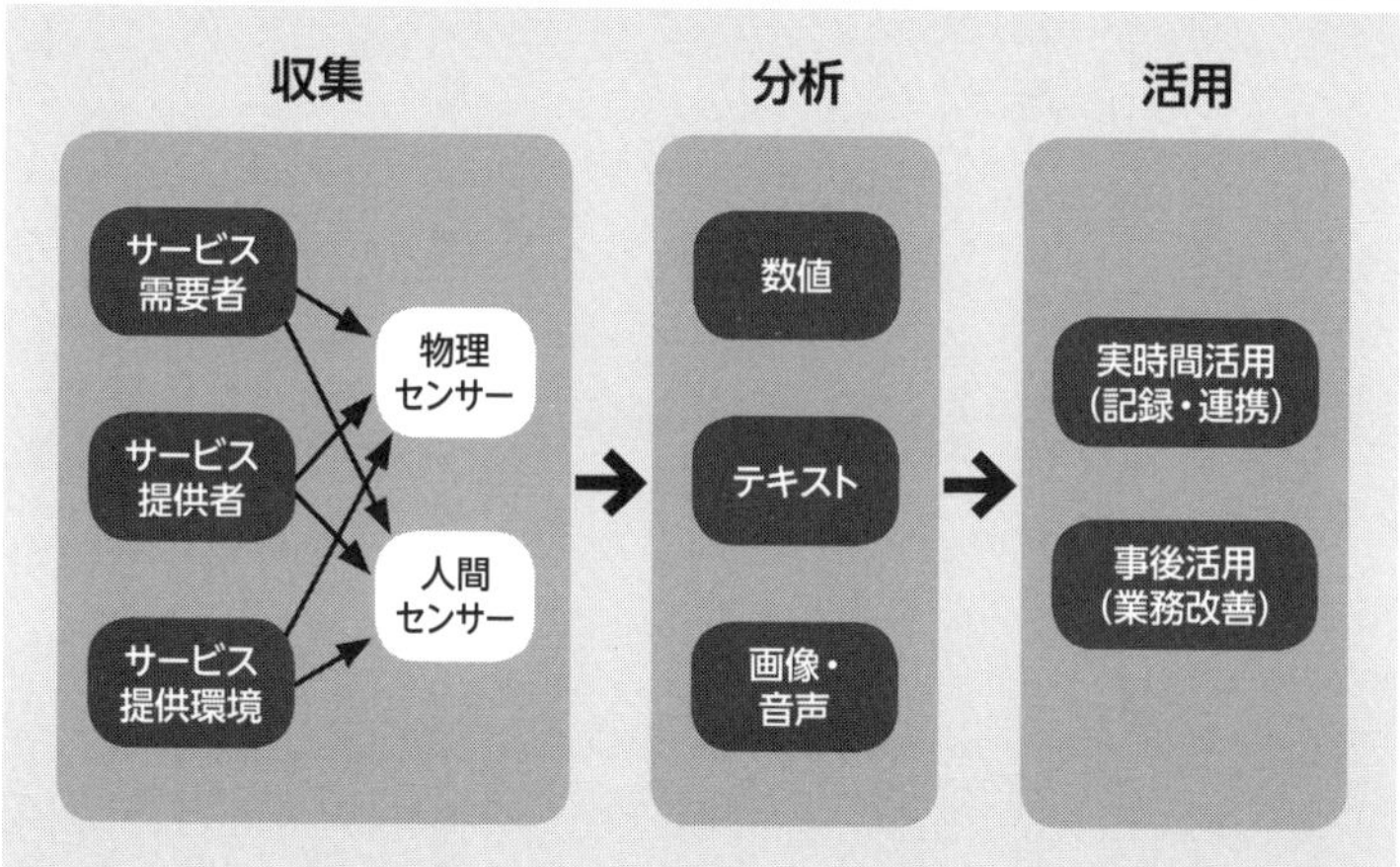

が一般的だ。その場合、本来業務後の追加の手間や時間が大きな負担であった。しかし今後は、腕時計や眼鏡型のウエアラブル・デバイスの普及により、サービス業務実施中の気づきの入力がより容易に行えるようになるだろう。特に、ここ数年の音声認識技術の向上は目覚ましく、音声による気づきの記録と収集は大きな可能性を有している。

物理センサーと人間センサー両方から収集した情報をクラウド側で分析して、活用することが容易になれば、すべてを物理センサーで行う場合と比べて導入コストも下がり、ＩｏＴイノベーションの対象分野は劇的に拡大するだろう。

3 「つぶやき」をクラウドへ

私と同僚は、２０１０年から、「看護・介護サービスの質を高める音声つぶやきによる気づきプラットフォームの研究」を行ってきた。看護・介護サービス従事者（ケアスタッフ）が、我々が開発したスマート音声つぶやきシステム［図 おわりに‐２］を用いて現場での気づきを音声でその場で記録し、その情報を関係者で共有し、分析結果を活用することで以下の３つの価値を生み出すことができる。

価値１・ケア連携品質向上（ケア業務中の連携）

音声つぶやきによるケアスタッフ間の連絡や協働作業状況の共有により、状況変化に即応した段取りができ、連携の内容が向上する。

価値２・ケア記録品質向上（ケアスタッフ間の情報共有）

音声つぶやきによる気づきの記録の質と量の増加により、患者・要介護者の日々の状態変化に適応したケアの計画・変更・実施の内容が向上する。

価値３・ケア業務品質向上（職場の業務改善・教育）

つぶやき実績ログによる業務の可視化と評価・分析により、職場の業務プロセス改善およびケアスタッフの教育の内容が向上する。

図 おわりに-2 ★スマート音声つぶやきシステム

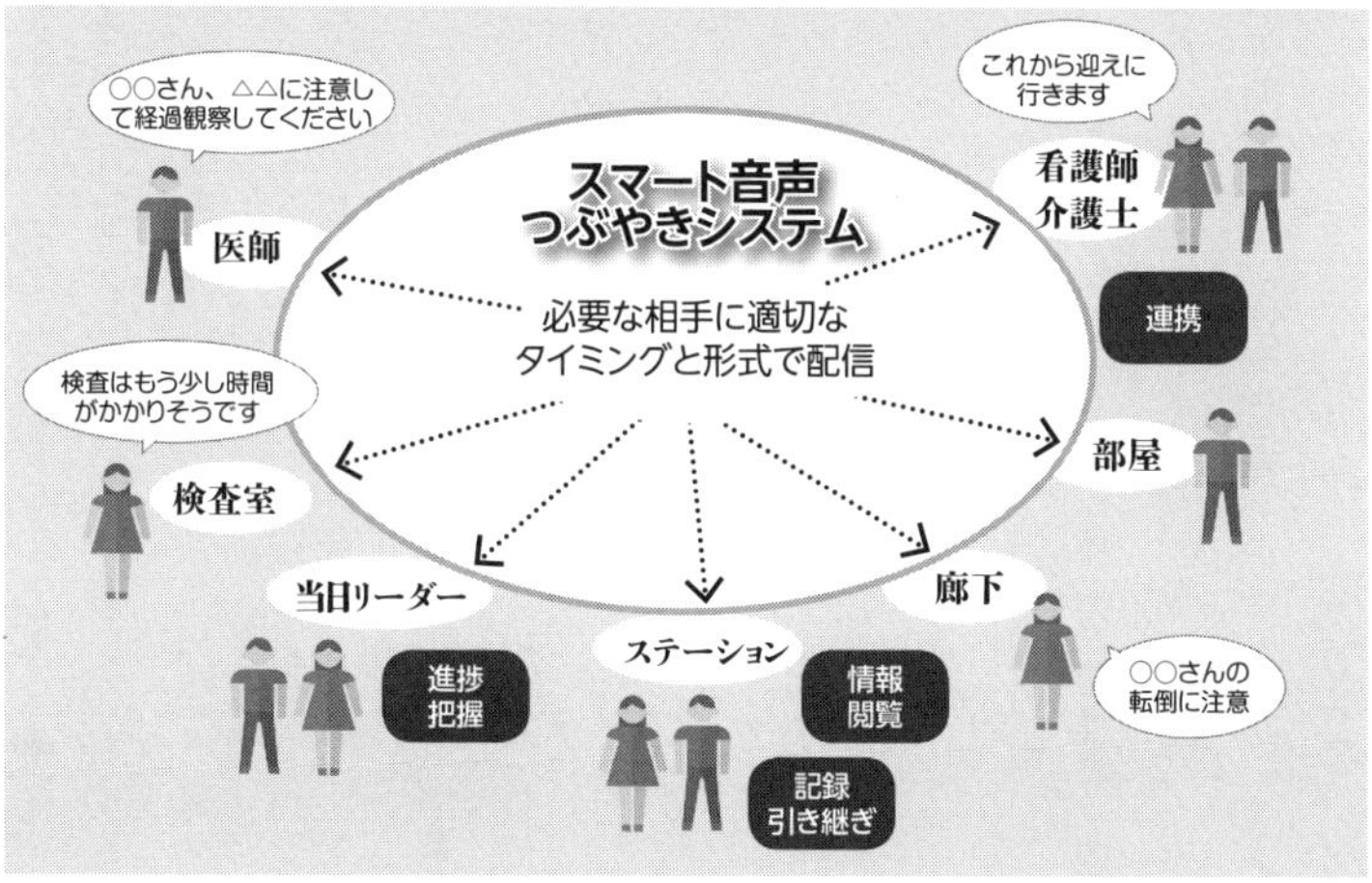

当初は看護・介護サービスを対象にシステムを開発したが、現在では警備、農業、船舶、建設などに対象分野を広げ、さまざまな業種で音声つぶやきによる気づきの収集と活用するための「**気づきプラットフォーム**」の研究を展開している。農業ＩｏＴのケースは第５章でも紹介したが、我々も北海道の農家との共同研究を通じて、物理センサーと人間センサーの融合が農作業の記録と知識化にどのように有効であるかを試行評価中である。

なお、気づきを収集し活用するシステムがあっても、個々人それぞれがもつ人間の気づき力（人間センサーの能力）は、その人の経験や能力によって大きく異なってくる。組織として気づき力を高める「気づき組織学習」も重要なテーマである。

4　ＩｏＴで人工知能を生かすために

ＩｏＴシステムでは、クラウド側の「人工知能」による知識処理が重要な役割を担っている。人工知能には、**論理アプローチ**（**演繹《えんえき》的な推論**）と**データアプローチ**（**帰納的な推論、機械学習**）がある。論理アプローチは１９８０年代の第２次人工知能ブームの頃から研究・実用化されてきた。近年の第３次人工知能ブームは機械学習、特に深層学習（ディープラーニング）が実用化され大きな成果をあげていることによる。一方、機械学習、特に深層学習の解釈や妥当性の検証は大きな課題となっている。IoTシステムにおいて、多量のデータから深層学習によって導かれた結果は常に正しいのだろうか？

例えば商品のリコメンデーション（いわゆるお勧め機能）であれば、多少の誤りがあってもほとんどの場合は問題ないだろうが、深層学習を使った自動運転車が事故を起こした場合は大きな問題となる。

論理アプローチが進化すれば、人間の「**形式知**」は計算機で処理できるようになるだろう。この場合は、計算機の結果は説明できる。

一方、データアプローチの結果は、形式知で論理的に説明できない場合も多い。特に深層学習の結果は高精度だがどうして精度が高いのかの解釈が難しい。いわゆる「ブラックボックス」であり、本書ではこれを仮に「**データ知**」と呼ぶことにする。しかし、どんなに人工知能が進化しても「形式知」と「データ知」だけでは不完全であろう。そして、今後のIoTシステテ

図 おわりに-3 ★知識処理の将来の姿

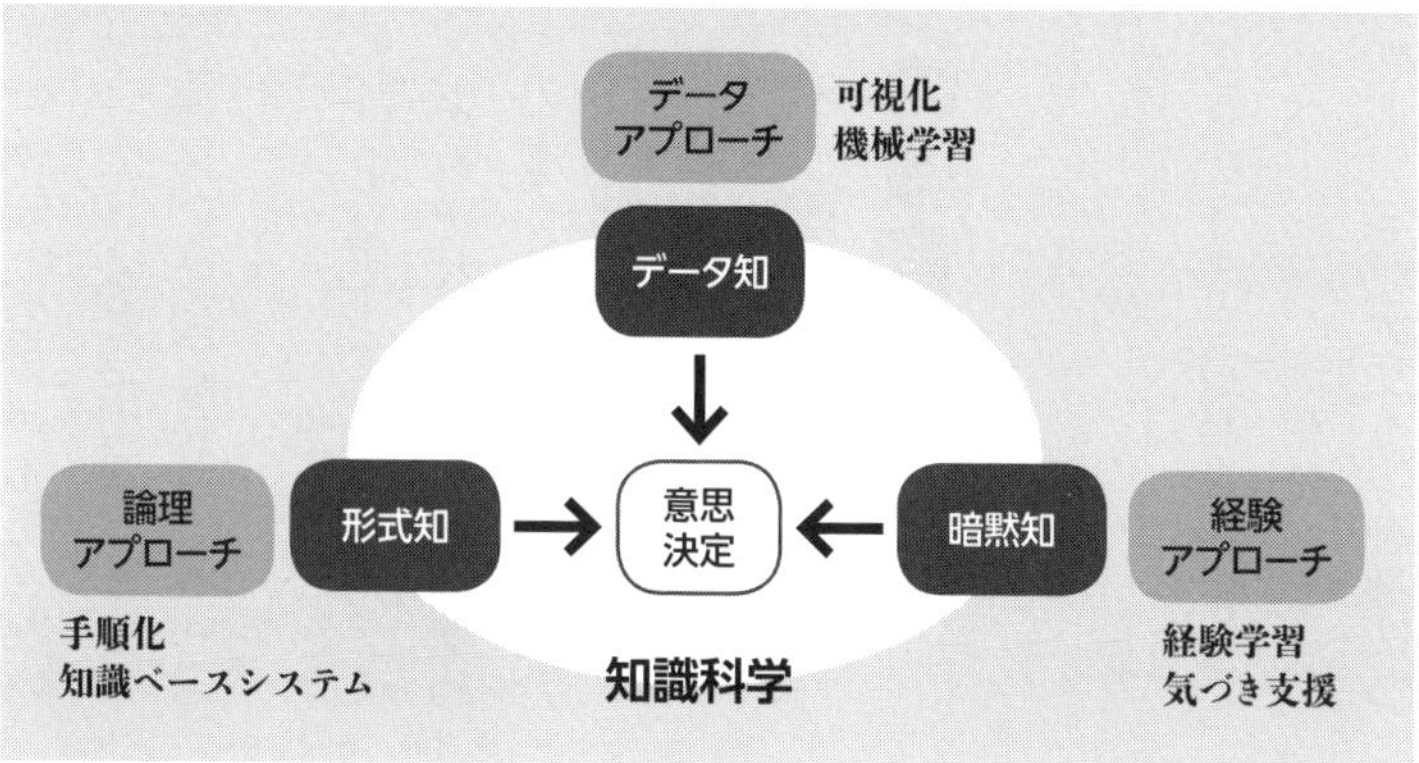

ムでは、過去のデータに基づいてブラックボックス化した「データ知」でカバーできないような、想定外の状況に対する人間の「気づき」が重要になることが予想される。このような人間の「気づき」をここでは狭義の「**暗黙知**」（機械学習で獲得が難しい暗黙知）と呼ぶことにする。

私は、ＩｏＴシステムにおいて、論理アプローチの「形式知」とデータアプローチの「データ知」と人間の気づきの「暗黙知」の３つをハイブリッドでＩｏＴシステムに埋め込むことが重要になってくると考えている。この「形式知」「データ知」「暗黙知」を統合的に扱う学問分野が「**知識科学**」であり、「知識科学」の研究はいっそう重要になってくるのだ。前述のスマート音声つぶやきシステムは、その第一歩である。

5 ＩｏＴイノベーションデザインの教育

本書では、イノベーションデザインの重要性について関心をもち、さらにＩｏＴイノベーションに取り組もうとする読者の参考となる事例、そしてさまざまな道具を紹介した。イノベーションデザインに関心をもたれた読者の方で、イノベーションデザインを体系立てて学んでみようと思われた方もいるかもしれない。**イノベーションデザインを身につ**

けるには、従来の情報科学と経営学（特に技術・サービス経営）の両方を学ぶ必要がある。次に情報科学系と技術・サービス経営系の講義科目の例をあげたので参考にしてほしい。

①情報科学系

・ＩｏＴシステムアーキテクチャ・リファレンスモデル
・クラウド・仮想化・分散システム
・プライバシー・セキュリティ技術
・人工知能・機械学習・自然言語処理
・ＩｏＴ通信・ネットワーク技術
・ＩｏＴデバイス・センサー・組み込み技術

②技術・サービス経営系

・イノベーション・マネジメント、技術経営、知識経営
・サービス科学、システム科学
・標準化・知財戦略
・マーケティング、ビジネスエスノグラフィー
・発想支援、システム思考、デザイン思考

さらに近年の各種イノベーション手法によるＩｏＴ関連の技術進歩の速さ、さらに新たに生み出される法規制や規格、そしてビジネスモデルや思考法などさまざまなものが、いわゆ

る「ドッグイヤー」といわれるビジネス環境の中で大きく変転している。自らの学生時代に大学で学んだ知識について、さらなるアップデートが時に要求されることがある。アップデートの手法の一つとして、社会人教育の活用がある。最近は、人生100年時代の「リカレント教育（生涯にわたって教育と仕事を交互に行う教育システム）」として話題になっているので気になっている方も多いだろう。特にIoT分野では、情報科学系と技術・サービス経営系の両方を学べる社会人教育が今後いっそう大きな意味をもってくると信じている。

私の所属する北陸先端大の東京社会人コース（社会人大学院）においても、2016年度から従来の情報科学研究科と知識科学研究科を統合し、情報科学系と技術・サービス経営系の両方を学びやすくした。IoT関連講義の整備・充実も行いつつあり、2019年度からはIoTイノベーション人材の育成を目指した「IoTイノベーションプログラム」が新設される。また、早稲田大学を主幹として2018年度からスタートの「スマートSE《エスイー》」プログラムでも情報科学系だけでなく経営系を学ぶことを目玉にしており、私も教鞭をとる。北陸先端大は「スマートSE」にも講義を提供している。

最後に、イノベーションデザインの教育においても「気づき力」がキーワードであることを指摘しておきたい。IoTの技術やイノベーションデザインの手法を学んでも、それを使ってIoTイノベーションを実現するのは人間の創造力である。イノベーションデザインにおいて、作ろうとするIoTシステムの機会とリスクにいかに気づくか、その能力が不可欠であり、それも教育可能であると思っている。IoTイノベーションデザインの教育では、人間の「気づき力」育成が重要であるとともに、「気づき力」の向上（教育効果）を客観的に測定する仕組みも必要になってくる。これは前述の「気づきプラットフォーム」の研究とも共通する課題である。私もこの分野の研究者・教育者として、微力ながら今後のIoTイノベーションデザイン教育の発展に貢献すべく尽力していきたい。

参考文献

●小川紘一『オープン&クローズ戦略 日本企業再興の条件 増補改訂版』翔泳社、２０１５年
●アレックス・オスターワルダー、イヴ・ピニュール著、小山龍介訳『ビジネスモデル・ジェネレーション ビジネスモデル設計書』翔泳社、２０１２年
●アレックス・オスターワルダー、イヴ・ピニュール、グレッグ・バーナーダ、アラン・スミス著、関美和訳『バリュー・プロポジション・デザイン 顧客が欲しがる製品やサービスを創る』翔泳社、２０１５年
●亀岡秋男監修、北陸先端科学技術大学院大学ＭＯＴコース編集委員会、サービスサイエンス・イノベーションＬＬＰ編『サービスサイエンス 新時代を拓くイノベーション経営を目指して』エヌ・ティー・エス、２００７年
●内平直志「製造業のサービスの特徴と知識処理技術の役割」(『東芝レビュー』東芝、Vol.61, No.12, pp.2-7、２００６年) https://www.toshiba.co.jp/tech/review/2006/12/61_12pdf/a02.pdf
●内平直志「製造業のサービスイノベーションのための知識処理技術」(『人工知能学会誌』人工知能学会、Vol.22, No.5, pp.754-762、２００７年) http://id.nii.ac.jp/1004/00006850/
●内平直志、小林英樹、中根林太郎「製造業のサービス事業化の課題と設計支援技術」(『精密工学会誌』精密工学会、Vol.75, No.4, pp.471-474、２００９年) https://www.jstage.jst.go.jp/article/jjspe/75/4/75_4_471/_pdf
●内平直志「音声つぶやきによる看護・介護サービスの記録・連携支援」(『人工知能学会誌』人工知能学会、Vol.28, No.6, pp.893-898、２０１３年) http://id.nii.ac.jp/1004/00008398/
●内平直志「音声つぶやきによる気づきの収集と活用で看護・介護サービスの質を向上する」(『サービソロジー』サービス学会、Vol.1, No.2, pp. 14-17、２０１４年) https://doi.org/10.24464/serviceology.1.2_14
●内平直志「ＩｏＴ時代のイノベーション・デザイン」(『研究・技術・計画』研究・イノベーション学会、Vol.33, No.4 、２０１８年)

●鷲崎弘宜、内平直志「IoT時代のイノベーションマネジメント教育」(『研究・技術・計画』研究・イノベーション学会、Vol.33, No.4、2018年)

〔欧文〕

索　引

［著者］

内平 直志（うちひら なおし）

1959年　東京都生まれ。
1982年　東京工業大学理学部情報科学科卒業。
1982年　東京芝浦電気（現　東芝）入社。
同社研究開発センター研究主幹、ラボラトリ室長、次長、技監を歴任。
1997年　東京工業大学博士（工学）学位取得。
2010年　北陸先端科学技術大学院大学博士（知識科学）学位取得。
2013年　北陸先端科学技術大学院大学知識科学研究科教授。
現　在　北陸先端科学技術大学院大学知識科学系教授／東京サテライト長、
日本MOT学会理事／企画委員長、
研究・イノベーション学会総務理事など。
主　著　『ペトリネットの理論と実践』（共著）朝倉書店、1995年
『ソフトウェア開発のためのプロトタイピングツール』（共著）啓学出版、1987年
『サービスサイエンス　新時代を拓くイノベーション経営を目指して』（分担執筆）
エヌ・ティー・エス、2007年

［編集］　株式会社桂樹社グループ
［執筆協力］　吉田陽一　国府田昌史　室谷明津子　広重隆樹
［本文デザイン］　宗利淳一　［デザイン協力］　中田聡美
［協力（50音順）］
アクア株式会社　株式会社光栄　株式会社小林製作所　農業生産法人株式会社GRA
ジンズ株式会社　日立建機株式会社　富士通株式会社　武州工業株式会社
株式会社別川製作所　萬田大作　楽天株式会社（楽天技術研究所）　株式会社レオパレス21

シリーズ・ケースで読み解く経営学 4
戦略的IoTマネジメント

2019年2月20日　初版第1刷発行　〈検印省略〉

定価はカバーに
表示しています

著　者　内　平　直　志
発行者　杉　田　啓　三
印刷者　和　田　和　二

発行所　株式会社　ミネルヴァ書房
607-8494　京都市山科区日ノ岡堤谷町1
電話代表（075）581-5191
振替口座　01020-0-8076

平河工業社

ISBN978-4-623-08061-8

Printed in Japan